Smagfuld Tidsrejse
Slow Cooking for Livsnydere

Anders Mortensen

Indholdsfortegnelse

Krydret Selleri Blomkål Svinekød

Portioner: 4

Tilberedningstid: 20 minutter

Ingredienser:

- 2 pund svinekød, skåret i stykker
- 1 laurbærblad
- ½ tsk rød peberflager
- 1 tsk chilipulver
- 3 spsk olivenolie
- 4 kopper hønsebouillon
- ¼ kop persille, hakket
- 1 kop blomkålsbuketter
- 1 kop selleri, hakket
- 1 løg, hakket
- 1 porre i skiver

- 1 tsk salt

Rutevejledning:

1. Tilsæt olie til Instant Pot og sæt gryden til sautétilstand.
2. Tilsæt kødet i gryden og steg til det er brunt. Tag kødet af gryden og stil det til side.
3. Tilsæt selleri, løg og salt og steg i 4-5 minutter.

4. Kom kødet tilbage i gryden med de resterende ingredienser og rør godt rundt.

5. Luk gryden med låg og kog i 20 minutter ved høj varme.

6. Lad trykket slippe naturligt, og åbn derefter låget.

7. Server og nyd.

Ernæringsværdier pr. portion:

Kalorier: 744; Kulhydrater: 6,1 g; Protein: 62 g; Fedt: 51,5 g; Sukker: 2,9 g; Natrium: 1514 mg

Lækker karrysvin

Portioner: 4

Tilberedningstid: 11 minutter

Ingredienser:

- 1 pund svinekød, skåret i strimler
- 2 tsk karrypulver
- 1 tsk frisk ingefær, revet
- 2 tsk sesamolie
- 1 spsk riseddike
- 1 forårsløg, hakket
- 1 fed hvidløg, knust
- 1 mellemstor løg, hakket
- ¼ kop olivenolie

- ½ tsk salt

Rutevejledning:

1. Tilsæt olivenolie til Instant Pot og sæt gryden til sautétilstand.
2. Tilsæt kødet i gryden og steg i sautertilstand i 5 minutter. Tag kødet af gryden og stil det til side.
3. Tilsæt løg, forårsløg og hvidløg og steg i 3-4 minutter.
4. Tilsæt ingefær og karrypulver. Tilsæt salt og rør godt rundt og kog i yderligere 2 minutter.

5. Dryp med sesamolie og server.

Ernæringsværdier pr. portion:

Kalorier: 311; Kulhydrater: 4g; Protein: 30,3 g; Fedt: 19,1 g;

Sukker: 1,3 g; Natrium: 358 mg

Asiatisk svinekød med sovs

Portioner: 2

Tilberedningstid: 15 minutter

Ingredienser:

- 10 oz svinekød, udbenet og skåret i strimler
- 1 tsk peber
- 3 spsk sesamolie
- 2 spsk østerssauce
- 2 spsk fiskesauce
- 2 fed hvidløg
- 1 kop champignon, hakkede
- 2 forårsløg, hakket
- 1 lille løg, hakket

- ½ tsk salt

Rutevejledning:

1. Tilsæt olie til gryden og sæt gryden til sauté-indstillingen.
2. Tilsæt hvidløg, løg og kød og steg i 1-2 minutter.
3. Tilsæt forårsløg og steg i 2-3 minutter.
4. Tilsæt svampe og rør godt rundt.
5. Tilsæt østerssauce og fiskesauce. Rør godt rundt og kog i 2-3 minutter.

6. Smag til med peber. Tilsæt en kop vand og lad det simre i 10 minutter.

7. Server og nyd.

Ernæringsværdier pr. portion:

Kalorier: 425; Kulhydrater: 8,3 g; Protein: 40,1 g; Fedt: 25,6 g; Sukker: 3,1 g; Natrium: 2168 mg

Svinemørbrad sødet med æble og kirsebær

Forberedelsestid: 55 minutter

Portionsstørrelse: 4

Ernæringsværdier pr. portion: Kalorier 349; Kulhydrater 18g; Fedt 12g; Protein 40 g

ingredienser

- 1 ¼ pund svinemørbrad
- 1 finthakket bladselleri
- 2 kopper Æbler, skrællet og hakket
- 1 kop kirsebær, udstenede
- ½ kop æblejuice
- ½ kop vand
- ¼ kop løg, hakket
- Salt og peber efter smag
- 2 spsk olivenolie

Vejbeskrivelse

1. Varm olien op på SAUTÉ-indstillingen på High og steg løg og selleri i 5 minutter, indtil de er bløde. Krydr svinekødet med salt og peber og kom det på panden. Steg i 2-3 minutter på hver side, indtil de er brune.

2. Drys derefter med æbler og kirsebær og hæld vand og æblejuice i. Luk låget og steg i MEAT/STEW-tilstand i

40 minutter under højt tryk. Lav en hurtig trykudløsning.

3. Skær svinemørbraden i skiver og læg den på en tallerken. Hæld den æbleglade sauce over flæskeskiverne til servering.

Svinekødspølse med blomkål og tatertos

Forberedelsestid: 20 minutter

Portionsstørrelse: 6

Ernæringsværdier pr. portion: Kalorier 431; Kulhydrater 66g; Fedt 12g; Protein 23g

ingredienser

- 1 pund svinepølse, skåret i skiver
- 1 pund Tater Tots
- 1 pund blomkålsbuketter, frosne og optøede
- 10 ounce svampesuppe på dåse
- 10 ounce dåse blomkålssuppe
- 10 ounce inddampet mælk

- Salt og peber efter smag

Vejbeskrivelse

1. Læg cirka ¼ af pølseskiverne i din trykkoger. Pisk suppe og mælk sammen i en skål. Hæld noget af blandingen over pølserne.
2. Dæk pølseskiverne med ¼ af blomkålsbuketter efterfulgt af ¼ af kartoflerne. Hæld lidt af suppeblandingen i igen. Gentag lagene, indtil du har brugt alle ingredienserne. Luk låget og kog på TRYKKKOG/MANUEL i 10 minutter på høj. Når du er færdig, lav en hurtig frigivelse.

Krydret hakket svinekød med ærter

Forberedelsestid: 55 minutter

Portionsstørrelse: 6

Ernæringsværdier pr. portion: Kalorier 510; Kulhydrater 4g; Fedt 34 g; Protein 41g

ingredienser

- 2 pund hakket svinekød
- 1 løg, hakket
- 1 dåse tomater i tern
- 1 dåse ærter
- 5 fed hvidløg, knust
- 3 spsk Smør
- 1 Serrano peber, finthakket
- 1 kop oksebouillon
- 1 tsk malet ingefær
- 2 tsk stødt koriander
- 1 tsk salt
- ¾ tsk spidskommen
- ¼ tsk cayennepeber
- ½ tsk Gurkemeje
- ½ tsk sort peber

Vejbeskrivelse

1. Smelt smør på SAUTÉ on High. Tilsæt løg og steg i 3 minutter, indtil de er bløde. Rør krydderurter og hvidløg i og steg i yderligere 2 minutter. Tilsæt svinekød og steg indtil brunt. TILSÆT fond, serrano peber, ærter og tomater. Luk låget og steg på MEAT/STEW on High i 30 minutter. Lad trykket slippe naturligt i 10 minutter.

Tamari Sauce Svinekød Mave med hvidløg

Forberedelsestid: 40 minutter

Portionsstørrelse: 6

Ernæringsværdier pr. portion: Kalorier 520; Kulhydrater 5g; Fedt 28 g; Protein 49 g

ingredienser

- 4 fed hvidløg, skåret i skiver
- ½ tsk stødt nelliker
- 1 tsk revet frisk ingefær
- 1 ½ pund svinekød, skåret i skiver
- 2 ¼ kopper vand
- ¼ kop hvidvin
- ½ kop gule løg, pillede og hakkede
- ¼ kop Tamari sauce
- 1 tsk ahornsirup

- 4 kopper hvide kortkornede ris, kogte, varme

Vejbeskrivelse

1. Brun flæskesvær, cirka 6 minutter pr. side, på SAUTÉ ved High. Tilsæt de resterende ingredienser. Luk låget og kog på BØNNER/CHILI under højt tryk i 25 minutter. Kog til kødet er mørt.

2. Når det er gjort, skal du udløse trykaflastningsventilen for at åbne og udføre en hurtig trykudløsning. Server med ris.

Braiseret chili svinekoteletter

Forberedelsestid: 30 minutter

Portionsstørrelse: 4

Ernæringsværdier pr. portion: Kalorier 437; Kulhydrater 11g; Fedt 24g; Protein 44g

ingredienser

4 svinekoteletter

1 løg, hakket

2 spsk chilipulver

14 ounce dåsetomater med grøn peber

1 fed hvidløg, hakket

½ kop øl

½ kop grøntsagsfond

1 tsk Olivenolie

- Salt og peber efter smag

Vejbeskrivelse

1. Opvarm olie i SAUTÉ-tilstand på Høj. Tilsæt løg, hvidløg og chilipulver og steg i 2 minutter. Tilsæt koteletterne

og steg til de er brune på alle sider. Rør tomater, bouillon og øl i. Smag til med salt og peber.

2. Luk låget og kog på TRYKKKOG/MANUEL på høj i 20 minutter. Slip trykket hurtigt.

Lækre Short Ribs med Mango Sauce

Forberedelsestid: 35 minutter

Portionsstørrelse: 6

Ernæringsværdier pr. portion: Kalorier 625; Kulhydrater 41g; Fedt 31g; Protein 62g

ingredienser

- 1 pund korte ribben, skåret i 3-tommer stykker
- 18 ounce mango på dåse, udrænet
- ½ tsk sort peber efter smag
- ½ tsk stødt persille
- 1 tsk salt
- 1 kop løg, skåret i skiver
- 1-tommer stykke ingefær, finthakket
- ½ tsk hvidløg, finthakket
- ½ kop tomatpure
- 3 tsk olivenolie
- ½ kop sojasovs
- 2 spsk Eddike

- ¼ kop forberedt Arrowroot opslæmning

Vejbeskrivelse

1. Varm over SAUTÉ olie og steg løg indtil de er bløde,
   cirka 4 minutter. Rør de resterende ingredienser i,
   undtagen pileroden. Luk låget, tryk på PRESSURE
   COOK/MANUAL og kog på høj i 20 minutter. Når du er
   færdig, lav en hurtig udgivelse. Rør arrowroot-
   opslæmningen i og kog på SAUTÉ on High, indtil saucen
   tykner.

Klassiske svineribbe i valnøddesauce

Forberedelsestid: 30 minutter

Portionsstørrelse: 4

Ernæringsværdier pr. portion: Kalorier 273; Kulhydrater 4g; Fedt 16g; Protein 27 g

ingredienser

- 1 pund svineribbe
- ¼ kop ristede valnødder, hakkede
- 4 fed hvidløg, hakket
- 1½ dl oksebouillon
- 2 spsk æblecidereddike
- 3 spsk Smør
- ½ tsk rød peberflager
- 1 tsk salvie

- Salt og sort peber efter smag

Vejbeskrivelse

1. Smelt smør på SAUTÉ on High. Krydr ribbenene med salt, peber, salvie og peberflager. Læg dem i trykkogeren og steg, indtil de er brune i cirka 5 minutter. Rør de resterende ingredienser i. Luk låget.
2. Kog på TRYKKOG/MANUEL på høj i 20 minutter. Slip trykket hurtigt. Server overhældt med saucen.

Saftige short ribs med rødvinssovs

Forberedelsestid: 70 minutter

Portionsstørrelse: 4

Ernæringsværdier pr. portion: Kalorier 479; Kulhydrater 4g; Fedt 31g; Protein 46

ingredienser

- 2 pund udbenet oksekød korte ribben, skåret i 3-tommer stykker
- 1 tsk kosher salt
- ½ tsk stødt sort peber
- ½ løg, hakket
- ½ kop rødvin
- 3 spsk olie
- ½ spsk Tomatpuré

- 2 gulerødder, skåret i skiver

Vejbeskrivelse

1. Gnid ribbenene på alle sider med salt og sort peber. Varm olien op på SAUTÉ on High og brun de korte ribber på alle sider, 3-5 minutter pr. side, arbejde i omgange. Fjern ribbenene på en tallerken.

2. Tilsæt løg og steg i 3-5 minutter, indtil de er bløde. Hæld vin og tomatpuré i for at deglasur ved at skrabe eventuelle brunede stykker op fra bunden af komfuret. Kog i 2 minutter, indtil vinen er reduceret lidt.

3. Kom ribbenene tilbage i gryden og top med gulerødder, hvidløg, persille, rosmarin og oregano. Hæld oksebouillon over ribben og grøntsager. Tryk på Annuller for at stoppe SAUTÉ-tilstand på Høj. Luk låget og vælg MEAT/STEW på højtryk i 35 minutter. Når du er færdig, lad trykket slippe naturligt i 10 minutter. Læg ribbenene på en tallerken.

4. Fjern og kassér grøntsager og krydderurter. Rør svampe i. Tryk på SAUTÉ på høj og kog indtil champignonerne er møre, 2-4 minutter. Tilsæt vand og majsstivelse i en skål og bland til en jævn masse.

5. Hæld denne suspension i bouillonen, under konstant omrøring, indtil den tykner lidt, 2 minutter. Smag sovsen til med salt og peber. Hæld over ribbenene og pynt med hakket persille til servering.

Krydret svinekød med tomatsauce

Forberedelsestid: 35 minutter

Portionsstørrelse: 6

Ernæringsværdier pr. portion: Kalorier 503; Kulhydrater 11g; Fedt 41g; Protein 32g

ingredienser

- 1½ pund svinekød i tern
- 1 kop tomatsauce
- ½ dl kærnemælk
- 1 kop grønne løg, hakket
- 2 tsk smør, smeltet
- ¼ tsk chilipeber
- 3 fed hvidløg, hakket
- ½ spsk koriander

- Salt og sort peber efter smag

Vejbeskrivelse

1. Vælg SAUTÉ på Høj og smelt smør. Kog løg og hakket hvidløg, indtil det er blødt, 2-3 minutter. Tilsæt de resterende ingredienser, undtagen kærnemælken. Luk låget og steg på MEAT/STEW on High i 25 minutter.
2. Når tilberedningen er færdig, udfør en hurtig trykudløsning. Rør cremefraiche i, indtil det er godt indarbejdet.

Lækre svinekamkoteletter med surkål

Forberedelsestid: 35 minutter

Portionsstørrelse: 4

Ernæringsværdier pr. portion: Kalorier 383; Kulhydrater 11g; Fedt 18 g; Protein 22g

ingredienser

- 4 koteletter uden ben
- 4 kopper surkål, strimlet
- 1 kop tør hvidvin
- fed hvidløg, pillet og knust
- 1 kop gulerødder, groft hakket
- ½ kop selleri, groft hakket
- 2 løg, hakket
- 2 kopper grøntsagsfond
- 2 tsk sennep
- 1 tsk salt
- ½ tsk chilipulver
- ½ kop tomatpure

- ½ tsk stødt sort peber

Vejbeskrivelse

1. Læg svinekødet i bunden af trykkogeren. Tilsæt den strimlede kål til svinekødet. Tilsæt de resterende ingredienser og luk låget. Vælg BØNNER/CHILI og kog

på højt tryk i 30 minutter. Når tilberedningen er færdig,
lav en hurtig trykudløsning. Server straks.

Sloppy Joes og coleslaw

Forberedelsestid: 30 minutter

Portionsstørrelse: 6

Ernæringsværdier pr. portion: Kalorier 313; Kulhydrater 18g; Fedt 22g; Protein 24g

ingredienser

- 1 kop tomater, hakkede
- 1 løg, hakket
- 1 gulerod, finthakket
- 1 pund hakket oksekød
- 1 peberfrugt, finthakket
- ½ kop havregryn
- 4 spsk æblecidereddike
- 1 spsk Olivenolie
- 4 spsk Tomatpuré
- 1 kop vand
- 2 tsk hvidløgspulver
- 1 spsk Worcestershire sauce
- 1½ tsk salt
- Coleslaw:
- ½ rødløg, hakket
- 1 spsk honning
- ½ kop kål, hakket

- 2 gulerødder, revet

- 2 spsk æblecidereddike

- 1 spsk dijonsennep

Vejbeskrivelse

1. Varm olivenolie op på SAUTÉ on High og brun kødet i 3-4 minutter. Svits løg, gulerødder, peber, hvidløg og salt til det er blødt. Rør tomater, eddike, Worcestershire sauce, vand og pasta i.

2. Når det begynder at koge, røres havregrynene i. Luk låget, vælg BØNNER/CHILI på Høj i 25 minutter. Lav en hurtig trykudløsning. Bland alle salatens ingredienser i en stor skål. Server den sjuskede Joes med slawen.

Velsmagende fettuccine med oksekødspølse

Forberedelsestid: 40 minutter

Portionsstørrelse: 6

Ernæringsværdier pr. portion: Kalorier 512; Kulhydrater 58g; Fedt 10 g; Protein 23g

ingredienser

- 1 pund oksekødspølse, hakket
- 1 pund tørret Fettuccine Pasta
- ½ kop tør hvidvin
- 1 fed hvidløg, finthakket
- ½ kopper grønne ærter, frosne
- ½ chipotle peber, frøet og hakket
- 1 kop sorte bønner, udblødt natten over
- 2 gule peberfrugter, udsået og hakket
- 2 tsk olivenolie
- 2 kopper vand
- 1 kop spidskål, hakket
- 1 (28 ounce dåse hele blommetomater)
- ¼ tsk knuste røde peberflager
- 1 kop parmesanost, revet
- ½ tsk tørret basilikum
- ½ tsk tørret oregano
- 1 tsk salt

- ¼ tsk kværnet sort peber

- Frisk persille, til pynt

Vejbeskrivelse

1. Varm olien op og steg forårsløg, peberfrugt og hvidløg
   på SAUTÉ-indstillingen på High i 3 minutter. Rør
   oksekødspølsen i. Steg til det er let brunet, cirka 3-4
   minutter.

2. Tilsæt de resterende ingredienser, undtagen persille og
   parmesanost. Tilsæt eventuelt mere vand. Luk låget,
   vælg TRYKKKOG/MANuel tilstand og kog ved højt tryk
   i yderligere 10 minutter. Når du er færdig, lav en hurtig
   udgivelse. Rør parmesanosten i, indtil den er smeltet.
   Server drysset med persille.

Lækker italiensk pølse over muffins

Forberedelsestid: 20 minutter

Portionsstørrelse: 8

Ernæringsværdier pr. portion: Kalorier 478; Kulhydrater 29g; Fedt 31g; Protein 28g

ingredienser

- 8 ristede engelske muffins, delt
- 1½ pund italiensk pølse
- 1 ¼ kopper mælk
- ¼ kop mel
- 1 kop auberginer, skåret i skiver
- 1 kop Bone Bouillon
- 1 tsk salt
- ½ tsk sort peber, friskkværnet
- 2 kviste tør timian
- 2 kviste tørret rosmarin

Vejbeskrivelse

1. Vælg SAUTÉ på høj og tilsæt aubergine og pølse. Kog i 5 minutter. Drys med rosmarin og timian og hæld fonden i. Luk låget, vælg TRYKKOG/MANUEL og kog på høj i 5 minutter.

2. Lav en hurtig trykudløsning. Pisk mel og mælk i et målebæger og smag til med salt og peber. Tilsæt

blandingen til trykkogeren. Vælg SAUTÉ og lad det simre i 3 minutter, låg på. Hæld sovs over de ristede delte muffins og nyd.

Osteagtig Rigatoni med pancetta

Forberedelsestid: 30 minutter

Portionsstørrelse: 6

Ernæringsværdier pr. portion: Kalorier 481; Kulhydrater 2g; Fedt 32g; Protein 19 g

ingredienser

- 1 ½ æske Penne Pasta

- 6 skiver pancetta, stegt og smuldret

- ½ kop Grana Padano ost, revet

- 1 kop hytteost

- 3 tsk olivenolie

- 1 kop gule løg, finthakket

- 3 fed hvidløg, hakket

- 3 ½ kopper grøntsagsfond

- 1½ dl vand

- 2 kviste tørret rosmarin

- Salt og friskkværnet sort peber efter smag

Vejbeskrivelse

1. Tilføj rigatoni, bouillon, vand, salt, sort peber og rosmarin til din trykkoger. Luk låget, vælg TRYKKOG/MANUEL i 12 minutter ved højt tryk. Når du er færdig, skal du udføre en hurtig trykudløsning. Læg til side.

2. Vælg SAUTÉ on High og smelt smørret. Kog løg og hvidløg, indtil dufter, cirka 2-3 minutter. Tilsæt pancetta, hytteost og rigatoni blanding til komfuret og vend indtil godt blandet.

3. Server straks med friskrevet Grana Padano ost.

Lækker svinekødskulder med hvidkål

Forberedelsestid: 25 minutter

Portionsstørrelse: 6

Ernæringsværdier pr. portion: Kalorier 203; Kulhydrater 13g; Fedt 2g; Protein 25 g

ingredienser

- 1 kop kål, strimlet
- ½ kop grøntsagsfond
- 4 fed hvidløg, finthakket
- 2 rødløg, hakket
- 1 kop tomatpasta
- 3 tomater, skåret i skiver
- 1 ¼ pund svinekød skulder, udbenet, i tern
- 1 laurbærblad
- ½ tsk paprika, forslået

- Salt og sort peber efter smag

Vejbeskrivelse

1. Vælg SAUTÉ on High og tilsæt svinekød, løg og hvidløg. Steg flæsket til det er lysebrunt. Fjern eventuelt fedt. Tilsæt de resterende ingredienser. Luk låget, tryk på PRESSURE COOK/MANUAL og kog på høj i 15 minutter. Når tilberedningen er færdig, udfør en hurtig trykudløsning. Kassér laurbærbladet og server.

Chuck Roast med kartofler at dø for

Forberedelsestid: 50 minutter

Portionsstørrelse: 6

Ernæringsværdier pr. portion: Kalorier 441; Kulhydrater 20g; Fedt 17g; Protein 53g

ingredienser

- 2 ½ pund Chuck Roast
- 1 pund røde kartofler, hakket
- 2 gulerødder, finthakkede
- ½ kop pastinak, hakket
- 1 kop løg, skåret i skiver
- ½ kop rødvin
- ½ bladselleri, skåret i skiver
- 1 spsk rosmarin
- 1 tsk timian
- ½ tsk peber
- ½ tsk salt
- 2 spsk Tomatpuré
- 1 spsk hvidløg, hakket

- 1 kop oksebouillon

Vejbeskrivelse

1. Beklæd komfuret med madlavningsspray. Bland timian, rosmarin, salt og peber i en skål og gnid blandingen på kødet. Læg kødet i gryden og svits det på alle sider.

2. Tilsæt de resterende ingredienser og luk låget. Indstil til MEAT/STEW i 40 minutter på High. Når tilberedningen er overstået, lav en hurtig trykudløsning. Server og nyd!

Hakket oksekød med surkål

Forberedelsestid: 25 minutter

Portionsstørrelse: 6

Ernæringsværdier pr. portion: Kalorier 337; Kulhydrater 8g; Fedt 20 g; Protein 30 g

ingredienser

- 1½ pund hakket oksekød
- 10 ounce dåse tomatsuppe
- ½ kop oksebouillon
- 3 kopper surkål
- 1 kop hakket porre
- 1 spsk Smør
- 1 tsk sennepspulver

- Salt og peber efter smag

Vejbeskrivelse

1. Smelt smør på SAUTÉ on High. Tilsæt porrer og kog i et par minutter, indtil de er bløde. Tilsæt oksekødet og brun i et par minutter. Rør surkål, bouillon og sennepspulver i og smag til med salt og peber.

2. Luk låget og kog i SUPPE/BULLING-tilstand på høj i 20 minutter. Når du er færdig, skal du udføre en hurtig trykudløsning.

Fristende oksekød med citrusfrugter

Forberedelsestid: 90 minutter

Portionsstørrelse: 6

Ernæringsværdier pr. portion: Kalorier 477; Kulhydrater 8g; Fedt 36g; Protein 35 g

ingredienser

- Saft af 1 citron

- Saft af 2 appelsiner

- 2 pund oksekød, skåret i stykker

- 1 spsk Smør

- 1 spsk italienske krydderurter

- ½ tsk havsalt

Vejbeskrivelse

1. Læg kødet i trykkogeren og drys med salt, peber og krydderurter. Masser kødet med hænderne for at krydre det godt. Hæld citron- og appelsinsaften over og luk låget.

2. Vælg TRYKKOG/MANUEL i 50 minutter under Højt tryk. Når timeren går i gang, udfør en hurtig trykudløsning. Riv kødet i gryden med to gafler. Indstil SAUTÉ-tilstand til Høj, låget slukket.

3. Rør godt rundt og kog i cirka 20 minutter, eller indtil væsken er absorberet. Tilsæt smør, rør godt og kog i yderligere 5 minutter.

Okseribben med svampe

Forberedelsestid: 30 minutter

Portionsstørrelse: 6

Ernæringsværdier pr. portion: Kalorier 509; Kulhydrater 9g; Fedt 43g; Protein 22g

ingredienser

- 1 ½ pund oksekød ribben
- 2 kopper hvide svampe i kvarte
- 1 løg, hakket
- ¼ kop ketchup
- 2 kopper grøntsagsfond
- 1 kop hakkede gulerødder
- ¼ kop olivenolie
- 1 tsk hvidløg, hakket

- Salt og peber efter smag

Vejbeskrivelse

1. Opvarm olien i SAUTÉ-indstillingen på Høj. Krydr ribbenene med salt og peber og steg til de er brune på alle sider. Læg derefter til side. Tilsæt løg, hvidløg, gulerødder og svampe og steg i 5 minutter.

2. Tilsæt ribbenene tilbage til komfuret og rør de
   resterende ingredienser i. Luk låget og kog på højtryk
   på MEAT/STEW i 35 minutter. Når tilberedningen er
   overstået, lav en hurtig udløsning.

Oksekød medley med blåskimmelost

Forberedelsestid: 50 minutter

Portionsstørrelse: 6

Ernæringsværdier pr. portion: Kalorier 267; Kulhydrater 6g; Fedt 13g; Protein 30

ingredienser

- 1 pund mørbradbøf, skåret i tern
- 6 ounce blå ost, smuldret
- ½ kål, i tern
- 1 kop pastinak, hakket
- 2 røde peberfrugter, finthakket
- 1 kop oksebouillon
- 2 kopper dåsetomater, udrænede
- 1 løg, hakket
- 1 tsk hvidløg, hakket
- Salt og sort peber efter smag

- Madlavningsspray, til smøring

Vejbeskrivelse

1. Beklæd komfuret med madlavningsspray og tilsæt mørbraden. På SAUTÉ on High brunes bøffen på alle sider i et par minutter. Tilsæt derefter de resterende ingredienser, undtagen osten.

2. Luk låget og steg i MEAT/STEW-tilstand på High i 40 minutter. Når tilberedningen er færdig, slip hurtigt trykket. Drys med blå ost til servering.

Bøf og grøntsager med Alesauce

Forberedelsestid: 50 minutter

Portionsstørrelse: 6

Ernæringsværdier pr. portion: Kalorier 370; Kulhydrater 32g; Fedt 11g; Protein 36g

ingredienser

- 2 pund bøf, skåret i 6 eller 8 lige store stykker
- 1 sødt løg, hakket
- 1 kop selleri, hakket
- 1 pund søde kartofler, skåret i tern
- 2 gulerødder, finthakkede
- 3 fed hvidløg, hakket
- 2 peberfrugter, finthakket
- 1½ kop tomatpure
- 1 kop ale
- 1 hønsefond tern
- Salt og peber efter smag

- 1 spsk Olivenolie

Vejbeskrivelse

1. Varm olie på SAUTÉ on High og svits bøfferne i et par minutter. Læg derefter til side. Tryk på CANCEL. Anret grøntsagerne i trykkogeren og pynt med bøffen. Pisk bouillonterning, øl og tomatpuré sammen i en skål.

47

Hæld over bøfferne. Smag til med salt og peber og luk låget. Kog på MEAT/STEW on High i 30 minutter. Slip trykket hurtigt.

Oksesteg med cremet sur sauce

Forberedelsestid: 35 minutter

Portionsstørrelse: 6

Ernæringsværdier pr. portion: Kalorier 340; Kulhydrater 10g; Fedt 19 g; Protein 33g

ingredienser

- 1 ½ pund bøf, i tern
- 1 kop løg, i tern
- 1 dåse flødeskumsuppe
- 1½ kop creme fraiche
- ½ dl vand
- ½ spsk spidskommen
- ½ spsk koriander
- 1 spsk hvidløg, hakket
- 1 spsk Smør
- ½ tsk chilipulver

- Salt og peber efter smag

Vejbeskrivelse

1. Smelt smør på SAUTÉ on High og rør løget i. Steg til det er blødt, cirka 3 minutter. Tilsæt hvidløg og steg i endnu et minut. Tilsæt oksekødet og brun i cirka 3-5 minutter.

2. Kom de resterende ingredienser i en skål og hæld
    denne blanding over kødet. Luk låget og steg i
    MEAT/STEW-tilstand på High i 25 minutter. Når du er
    færdig, lav en hurtig frigivelse.

Corned Beef med sellerisauce

Forberedelsestid: 50 minutter

Portionsstørrelse: 6

Ernæringsværdier pr. portion: Kalorier 287; Kulhydrater 8g; Fedt 20 g; Protein 18 g

ingredienser

- 1 ½ pund Corned Beef Brisket
- 2 kopper flødesellerisuppe
- 1 tsk hvidløg, hakket
- 1 løg, hakket
- 1 kop vand
- 2 tomater, i tern
- 2 tsk olivenolie

- Salt og sort peber efter smag

Vejbeskrivelse

1. Krydr kødet med salt og sort peber. Varm olie på SAUTÉ og rør løg. Kog i 2 minutter, indtil den er gennemsigtig. Tilsæt hvidløg og steg i 1 minut. Tilsæt oksekød og svits i et par minutter på alle sider.
2. Tilsæt suppe og vand. Luk låget, kog på MEAT/STEW on High i 40 minutter. Lav en hurtig trykudløsning.

Øl-Dijon braiseret bøf

Forberedelsestid: 40 minutter

Portionsstørrelse: 4

Ernæringsværdier pr. portion: Kalorier 525; Kulhydrater 12g; Fedt 21g; Protein 69 g

ingredienser

- 4 bøffer

- 12 ounce mørk øl

- 2 spsk dijonsennep

- 2 gulerødder, finthakkede

- 1 spsk Tomatpuré

- 1 løg, hakket

- 1 tsk Paprika

- 2 spsk mel

- 1 kop oksebouillon

- Salt og peber efter smag

- Olivenolie, til smøring

Vejbeskrivelse

1. Pensl kødet med sennep og krydr med paprikapulver, salt og peber. Beklæd trykkogeren med madlavningsspray og svits bøffen på SAUTÉ-indstillingen på High. Fjern bøfferne på en tallerken.

2. Tryk på CANCEL. Hæld ¼ kop vand og skrab bunden af komfuret. Tør rent. Pisk tomatpuré og mel i. Rør gradvist de resterende ingredienser i, undtagen øllet.

3. Læg bøffen tilbage i gryden, hæld øllet i og luk låget. Tilbered på MEAT/STEW-tilstand på High i 25 minutter. Når du er færdig, slip hurtigt trykket og server varmt.

Mørt løgstegt oksekød

Forberedelsestid: 55 minutter

Portionsstørrelse: 8

Ernæringsværdier pr. portion: Kalorier 369; Kulhydrater 9g; Fedt 16g; Protein 47g

ingredienser

- 3 pund oksekød
- 2 store søde løg, skåret i skiver
- 1 kuvert med løgblanding
- 1 kop oksebouillon
- 1 kop tomatjuice
- 1 tsk hvidløg, hakket
- 2 spsk Worcestershire sauce
- 1 spsk Olivenolie

- Salt og peber efter smag

Vejbeskrivelse

1. Opvarm olien i SAUTÉ-tilstand på høj. Krydr kødet med salt og peber og svits det på alle sider. Overfør til en tallerken. Tilsæt løg og steg i 3 minutter. Rør hvidløg i og steg i 1 minut.

2. Tilsæt oksekødet og rør de resterende ingredienser i. Luk låget og steg på MEAT/STEW on High i 40 minutter. Slip trykket naturligt i 10 minutter.

Feriesvine skinkehase

Forberedelsestid: 55 minutter

Portioner 6

Ernæringsværdier pr. portion: 304 kalorier; 19,1 g fedt; 2,6 g kulhydrater; 30,5 g protein; 0,6 g sukkerarter

ingredienser

- 1 kop vand
- 1/2 kop ale øl
- Havsalt og kværnet sort peber efter smag
- 1/2 tsk cayennepeber eller mere efter smag
- 1/2 tsk merian
- 1/2 tsk tørret salvie, knust
- Et bundt forårsløg, hakket
- 2 pund svineskinketern
- 2 laurbærblade

- 2 fed hvidløg, hakket

Vejbeskrivelse

1. Tilføj alle ovenstående ingredienser til Instant Pot.
2. Fastgør låget. Vælg indstillingen "Kød/Cub" og steg på højtryk i 45 minutter. Når tilberedningen er færdig, skal du bruge en naturlig trykudløser; fjern forsigtigt låget.

3. Fjern skinketerningerne fra Instant Pot; lad dem afkøle tilstrækkeligt til at blive håndteret. Fjern kødet fra skinkebøfferne og kom det tilbage i kogevæsken.

4. Server på individuelle tallerkener og nyd!

Gammeldags svinegryderet

Forberedelsestid: 50 minutter

Portioner 6

Ernæringsværdier pr. portion: 307 kalorier; 17,2 g fedt; 4,8 g kulhydrater; 31,1 g protein; 2,5 g sukkerarter

ingredienser

- 1 ½ spsk spæk ved stuetemperatur
- 1 ½ pund svinegryde, i tern
- Hickory røget salt og kværnet sort peber efter smag
- 1 kop porre, finthakket
- 2 fed hvidløg, hakket
- 1 (1-tommer) stykke frisk ingefærrod, revet
- 1 tsk sennepsfrø
- 1 tsk fennikelfrø
- 2 spsk sojasovs
- 1/4 kop tør rødvin
- 5 kopper oksebensbouillon

- 1/4 kop friske persilleblade, groft hakket

Vejbeskrivelse

1. Tryk på knappen "Sauté" og smelt svinefedtet. Steg nu svinegryden i 4 til 6 minutter, indtil den er brun, under omrøring af og til.

2. Krydr svinekødet med salt og sort peber efter smag og stil til side. I grydedryp koges porren sammen med hvidløg og ingefær, indtil den er blød og aromatisk.

3. Tilføj svinekødet tilbage til Instant Pot; tilsæt de resterende ingredienser og rør forsigtigt sammen. Fastgør låget.

4. Vælg tilstanden "Kød/gryderet" og kog ved højt tryk i 40 minutter. Når tilberedningen er færdig, skal du bruge en quick release; fjern forsigtigt låget.

5. Hæld i individuelle skåle og server pyntet med friske persilleblade. Nyd dit måltid!

Frikadeller i mexicansk stil

Forberedelsestid: 15 minutter

Portioner 6

Ernæringsværdier pr. portion: 476 kalorier; 24,5 g fedt; 33,2 g kulhydrater; 27,9 g protein; 19,5 g sukkerarter

ingredienser

- 1 pund hakket svinekød
- 2 skiver bacon, finthakket
- 1 hvidløg, finthakket
- 1 tsk hvidløg, hakket
- 1/3 kop tortillachips, knust
- 1/2 kop Romano ost, friskrevet
- 1 æg
- Havsalt og kværnet sort peber efter smag
- 1 tsk tørret merian
- 1 kop ketchup
- 2 kopper tomatsauce
- 2 chipotle chili i adobo
- 2 spsk frisk koriander

Vejbeskrivelse

1. Bland grundigt hakket svinekød, bacon, løg, hvidløg, tortillachips, Romano ost, æg, salt, sort peber og merian. Form blandingen til kugler.

2. Tilføj nu ketchup, tomatsauce og chipotle chili i adobo til Instant Pot. Læg frikadellerne i din Instant Pot.

3. Fastgør låget. Vælg indstillingen "Manuel" og kog ved højtryk i 6 minutter. Når tilberedningen er færdig, brug en hurtig trykudløser; fjern forsigtigt låget.

4. Serveres varm pyntet med frisk koriander. Nyder!

Nem svinekødssuppe med majs

Forberedelsestid: 15 minutter

Portioner 4

Ernæringsværdier pr. portion: 358 kalorier; 9,1 g fedt; 32,4 g kulhydrater; 36,1 g protein; 0,8 g sukkerarter

ingredienser

- 1 spsk olivenolie

- 1/2 kop løg, hakket

- 1 pund svinekødgryde, i tern

- 4 kopper vand

- 1/4 tsk laurbærblad, stødt

- 1/2 tsk tørret basilikum

- 1 tsk selleri frø

- 1 kop majs, revet i stykker

Vejbeskrivelse

1. Tryk på knappen "Sauté" for at forvarme din Instant Pot. Varm olivenolien op; kog løget, indtil det er blødt og gennemsigtigt.

2. Tilsæt svinekød og fortsæt tilberedningen, indtil den er let brunet. Tilsæt vand, malet laurbærblad, basilikum og sellerifrø til Instant Pot.

3. Fastgør låget. Vælg indstillingen "Manuel" og kog ved
   højtryk i 8 minutter. Når tilberedningen er færdig, brug
   en hurtig trykudløser; fjern forsigtigt låget.

4. Rør majskerner i; luk låget og lad det stå i restvarmen
   til majsen er gennemvarmet. Server i individuelle skåle
   og nyd!

Svinekød med rosiner og portvinsauce

Forberedelsestid: 35 minutter

Portioner 6

Ernæringsværdier pr. portion: 395 kalorier; 15,9 g fedt; 21,4 g kulhydrater; 40,9 g protein; 16,7 g sukkerarter

ingredienser

- 1 spsk rapsolie
- 2 pund svinekamsteg, udbenet
- Kosher salt efter smag
- 1/2 tsk stødt sort peber
- 1 tsk paprika
- 1/2 tsk sennepspulver
- 1 tsk tørret merian
- 2 fed hvidløg, knust
- 4 ounce rosiner
- 1/2 kop portvin
- 1 kop granatæblejuice

- 1/2 tsk frisk ingefær, revet

Vejbeskrivelse

1. Tryk på knappen "Sauté" for at forvarme din Instant Pot. Varm nu olien op; svits svinekammen i 3 minutter på hver side.

2. Tilføj derefter de resterende ingredienser til din Instant Pot.

3. Fastgør låget. Vælg indstillingen "Fjerkræ" og kog ved højt tryk i 15 minutter. Når tilberedningen er færdig, skal du bruge en naturlig trykudløser; fjern forsigtigt låget.

4. Server svinekødet toppet med rosin-port sauce. Nyd dit måltid!

Chipotle svinekød med salsa

Forberedelsestid: 35 minutter

Portioner 6

Ernæringsværdier pr. portion: 398 kalorier; 19,4 g fedt; 8,1 g kulhydrater; 45,5 g protein; 5,9 g sukkerarter

ingredienser

- 1 ½ pund svinekam, udbenet og godt trimmet
- Kosher salt og kværnet sort peber efter ønske
- 1 tsk grov sennep
- 1 (1-tommer) stykke frisk ingefærrod, revet
- 1/3 tsk stødt allehånde
- 1/2 tsk stødt laurbærblad
- 2 spsk brun farin
- 1 spsk chipotle pasta
- 1 kop bouillon
- Til salsa saucen:
- 2 modne tomater, pillede, kerner fjernet, skåret i stykker
- 2 spsk løg, finthakket
- 1 fed hvidløg, hakket
- 1 mild chilipeber
- 2 spsk koriander, finthakket
- 1½ spsk limesaft

* Salt efter din smag

1. Drys svinekammen med alle krydderurterne. Sprøjt Instant Pot med nonstick-spray.

2. Tryk på knappen "Sauté" for at opvarme din Instant Pot. Svits svinekammen på begge sider, indtil den er lige brun.

3. Tilsæt brun farin, chipotlepasta og bouillon. Fastgør låget. Vælg indstillingen "Manuel", og kog på højtryk i 25 minutter.

4. Når madlavningen er færdig, skal du bruge en naturlig udløsning; fjern forsigtigt låget.

5. I mellemtiden laver du salsaen ved at blande alle ingredienserne. Server svinekammen med frisk salsa ved siden af. Nyd dit måltid!

Svinekød Carnitas Taquitos

Forberedelsestid: 1 time

Portioner 8

Ernæringsværdier pr. portion: 417 kalorier; 24,4 g fedt; 16,6 g kulhydrater; 32,3 g protein; 11,8 g sukkerarter

ingredienser

- 1 spsk spæk, smeltet
- 2 pund svinekød skulder
- 1 spsk granuleret sukker
- 1 tsk skalotteløg pulver
- 1 tsk granuleret hvidløg
- Salt og sort peber efter smag
- 1 tsk stødt spidskommen
- 1 kop ketchup
- 1 kop tomatpure
- 1/2 kop tør rødvin
- 1 tsk blandede peberkorn
- 2 laurbærblade
- 1 tsk chipotle pulver
- 1/2 kop Manchego ost, revet

- 16 majstortillas, opvarmede

Vejbeskrivelse

1. Tryk på knappen "Sauté" for at forvarme din Instant Pot. Smelt derefter svinefedtet. Svits svinekødet, indtil det er let brunet på alle sider.

2. Tilsæt sukker, skalotteløg, hvidløg, salt, sort peber, spidskommen, ketchup, tomatpure, vin, peberkorn, laurbærblade og chipotlepulver.

3. Fastgør låget. Vælg indstillingen "Kød/Cub" og steg på højtryk i 45 minutter. Når tilberedningen er færdig, skal du bruge en naturlig trykudløser; fjern forsigtigt låget.

4. Riv kødet med to gafler. Fordel det strimlede svinekød over tortillaerne. Top med ost. Rul hver tortilla sammen og pensl let med olie.

5. Arranger tortillas på en bageplade. Bages i cirka 13 minutter og serveres. Nyder!

Svinekoteletter med flødet sennepssauce

Forberedelsestid: 15 minutter

Portioner 4

Ernæringsværdier pr. portion: 433 kalorier; 22,7 g fedt; 7 g kulhydrater; 48,3 g protein; 0,8 g sukkerarter

ingredienser

- 2 spsk rapsolie
- 4 koteletter af svinekam
- Salt og kværnet sort peber efter smag
- 1 tsk røget paprika
- 1/2 kop fløde selleri suppe
- 1/2 kop hønsebouillon
- 1 kop creme fraiche

- 1 spsk dijonsennep

Vejbeskrivelse

1. Tryk på knappen "Sauté" for at forvarme din Instant Pot. Varm derefter olien op og svits koteletterne i 2 minutter på hver side.
2. Rør derefter salt, sort peber, paprika, flødesellerisuppe og hønsefond i.
3. Fastgør låget. Vælg indstillingen "Manuel" og kog på højtryk i 9 minutter. Når tilberedningen er færdig, brug en hurtig trykudløser; fjern forsigtigt låget.

4. Fjern koteletterne fra Instant Pot.

5. Vend cremefraiche og dijonsennep i. Tryk på knappen "Sauté" igen og lad det simre, indtil saucen er reduceret og gennemvarmet. Nyd dit måltid!

Fransk stil svinekød og bønne ret

Forberedelsestid: 40 minutter

Portioner 6

Ernæringsværdier pr. portion: 491 kalorier; 27 g fedt; 25,5 g kulhydrater; 36,1 g protein; 7,1 g sukkerarter

ingredienser

- 1 spsk olivenolie
- 1 pund svinekød, skåret i tern
- 1/2 pund svinepølse, skåret i skiver
- 1 kop vand
- 1 spsk oksefond granulat
- 1 pund tørre cannellini bønner
- 1 fed hvidløg, finthakket
- 1 gult løg, hakket
- 1 pastinak, skåret i skiver
- 1 gulerod, skåret i skiver
- 1 tsk selleri frø
- 1/2 tsk sennepsfrø
- 1/2 tsk spidskommen pulver
- Havsalt og kværnet sort peber efter smag
- 1½ kop creme fraiche

Vejbeskrivelse

1. Tryk på knappen "Sauté" for at forvarme din Instant Pot. Varm olivenolie op, indtil det syder.

2. Steg derefter kødet og pølsen i 3 til 4 minutter, indtil de er brune, under jævnlig omrøring.

3. Tilsæt vand, oksefond granulat, cannellini bønner, hvidløg, løg, pastinak, gulerod og krydderurter.

4. Fastgør låget. Vælg indstillingen "Bean/Chili" og kog på højt tryk i 30 minutter. Når tilberedningen er færdig, skal du bruge en naturlig trykudløser; fjern forsigtigt låget.

5. Server toppet med creme fraiche. Nyder!

Mørt Aji Panca-svinekød

Forberedelsestid: 55 minutter

Portioner 6

Ernæringsværdier pr. portion: 511 kalorier; 30,7 g fedt; 17,5 g kulhydrater; 39,2 g protein; 16,4 g sukkerarter

ingredienser

- 1 spsk spæk
- 2 pund svinekød skulder
- 3/4 kop bouillon, gerne hjemmelavet
- 1/3 kop honning
- 2 spsk champagneeddike
- 1 tsk hvidløg, hakket
- 2 spsk sojasovs
- 1 tsk aji panca pulver
- Kosher salt og kværnet sort peber efter ønske
- 1 spsk hørfrø, malet

Vejbeskrivelse

1. Tryk på knappen "Sauté" og smelt svinefedtet. Når den er varm, svitser du svinekødet på alle sider, indtil det lige er brunet.

2. Tilsæt bouillon, honning, eddike, hvidløg, sojasovs, aji panca-pulver, salt og peber. Fastgør låget. Vælg tilstanden "Manuel", Højtryk og 50 minutter.

3. Når madlavningen er færdig, skal du bruge en naturlig udløsning; fjern forsigtigt låget. Læg svinekødet til side og hold det varmt.

4. Tryk nu på knappen "Sauté" igen og tilsæt malet hørfrø til kogevæsken. Lad det simre til saucen er tyknet.

5. Smag til, krydr og hæld saucen over den reserverede svinekødsskulder. Nyd dit måltid!

Ostekødsbrød i sydvestlig stil

Forberedelsestid: 35 minutter

Portioner 6

Ernæringsværdier pr. portion: 352 kalorier; 22,1 g fedt; 13,2 g kulhydrater; 24,8 g protein; 3,7 g sukker

ingredienser

- 1 pund hakket svinekød
- 1 æg
- 1/2 kop spidskål, hakket
- 2 fed hvidløg, hakket
- 1/2 kop fuldkornstortillachips, fint malet
- 1/2 kop Cotija ost, smuldret
- Havsalt og kværnet sort peber efter smag
- 1 tsk røget paprika
- 1 kop chipotlesalsa på flaske
- 2 spsk ketchup
- 1 tsk frisk limesaft

Vejbeskrivelse

1. Forbered din Instant Pot ved at tilføje 1 kop vand og et metalstativ i bunden.
2. Kombiner hakket svinekød, æg, spidskål, hvidløg, knuste tortillachips, Cotija ost, salt, sort peber, paprika og 1/2 kop salsa i en røreskål.

3. Form nu blandingen til en frikadelle. Overfør
    kødbrødet til en let smurt bradepande. Sænk
    bageformen ned på risten.

4. I en skål blandes den resterende 1/2 kop salsa med
    ketchup og limesaft. Pensl salsablandingen over toppen
    af kødbrødet.

5. Fastgør låget. Vælg indstillingen "Bean/Chili" og kog på
    højt tryk i 30 minutter. Når tilberedningen er færdig,
    brug en hurtig trykudløser; fjern forsigtigt låget. Nyd
    dit måltid!

Nemme Louisiana ribben

Forberedelsestid: 30 minutter

Portioner 6

Ernæringsværdier pr. portion: 365 kalorier; 25 g fedt; 3,7 g kulhydrater; 3,1 g protein; 2,6 g sukker

ingredienser

- 2 pounds baby back ribs
- 2 skiver frisk ingefær
- 1/2 kop tør vin
- 1 spsk brun farin
- 2 fed hvidløg, hakket
- 2 spsk sojasovs
- 1 kop oksebensbouillon
- 1 tsk Cajun krydderi
- Lør, efter smag

Vejbeskrivelse

1. Tilføj alle ovenstående ingredienser til din Instant Pot.
2. Fastgør låget. Vælg indstillingen "Kød/Cub" og steg på højtryk i 20 minutter. Når tilberedningen er færdig, skal du bruge en naturlig trykudløser; fjern forsigtigt låget.
3. Server varm og nyd!

Svinebøffer Marchand de Vin

Forberedelsestid: 15 minutter

Portioner 6

Ernæringsværdier pr. portion: 330 kalorier; 22,2 g fedt; 1,7 g kulhydrater; 28,7 g protein; 0,6 g sukkerarter

ingredienser

- 1 spsk spæk, smeltet
- 1½ pund svinebøffer
- 1 kop demi-glace
- 1/2 kop rødvin
- 2 laurbærblade
- Havsalt og kværnet sort peber efter smag
- 1 tsk tørret oregano

Vejbeskrivelse

1. Tryk på knappen "Sauté" for at forvarme din Instant Pot. Smelt svinefedtet. Steg nu svinebøfferne i cirka 3 minutter på hver side.
2. Tilføj de resterende ingredienser til Instant Pot.
3. Fastgør låget. Vælg indstillingen "Manuel" og kog ved højtryk i 8 minutter. Når tilberedningen er færdig, brug en hurtig trykudløser; fjern forsigtigt låget.
4. Tryk på knappen "Sauté" igen, og fortsæt med at simre, indtil kogevæsken er reduceret med tre fjerdedele. Nyd dit måltid!

Filippinsk svinesuppe

Forberedelsestid: 40 minutter

Portioner 4

Ernæringsværdier pr. portion: 444 kalorier; 16,9 g fedt; 42,2 g kulhydrater; 31,6 g protein; 5,1 g sukkerarter

ingredienser

- 2 spiseskefulde vegetabilsk olie
- 3/4 pund udbenede svinekoteletter
- 1/2 kop sødt løg, hakket
- 1 tsk frisk hvidløg, knust
- 2 peberfrugter, skrællet og finthakket
- 4 kartofler, skrællet og skåret i tern
- 2 gulerødder, rensede og skåret i tynde skiver
- 1 pastinak, renset og skåret i tynde skiver
- 4 dl grøntsagsfond, gerne hjemmelavet
- Salt og friskkværnet sort peber efter smag
- 1/2 tsk paprika
- 1 tsk tørret timian
- 1 (1/2-tommer stykke frisk ingefær, revet)
- 1 (1,41-ounce pakke tamarind suppe base)

1. Forvarm din Instant Pot til indstillingen "Sauté". Varm derefter vegetabilsk olie op og steg svinekoteletterne i 4 minutter på hver side.

2. Tilsæt de resterende ingredienser og luk låget. Vælg "Suppe"-tilstand og kog ved højt tryk i 30 minutter.

3. Når tilberedningen er færdig, skal du bruge en naturlig trykudløser; fjern forsigtigt låget. Serveres varm med ristet brød. Nyd dit måltid!

Børnevenlige svinesandwich

Forberedelsestid: 50 minutter

Portioner 6

Ernæringsværdier pr. portion: 480 kalorier; 18,4 g fedt; 30,1 g kulhydrater; 45,1 g protein; 3,3 g sukker

ingredienser

- 2 tsk spæk, ved stuetemperatur
- 2 pund svinekødssteg, svær fjernet, udbenet
- 2 fed hvidløg, hakket
- 1 (1-tommer) stykke frisk ingefær, skrællet og revet
- 1 spsk ahornsirup
- 1/4 kop tør rødvin
- 1 kop vand
- 1/2 spsk Worcestershire sauce
- Havsalt efter smag
- 1/3 tsk stødt sort peber
- 2 kviste timian
- 2 hele stjerneanis
- 1 spsk arrowroot pulver
- 12 bløde frokostruller, varmet op
- 1 kop pickles, skåret i skiver

1. Tryk på knappen "Sauté" for at forvarme din Instant Pot. Smelt nu svinefedtet. Når den er varm, svitser du svinekødet i 3 minutter på hver side.

2. Tilsæt hvidløg, ingefær, ahornsirup, vin, vand, Worcestershire sauce og krydderier til Instant Pot.

3. Fastgør låget. Vælg indstillingen "Kød/Cub" og steg på højtryk i 45 minutter. Når tilberedningen er færdig, skal du bruge en naturlig trykudløser; fjern forsigtigt låget.

4. Overfør svinekødet til et skærebræt. Riv kødet og kom det tilbage i Instant Pot.

5. Pisk arrowroot-pulveret med 2 spsk vand; Tryk på knappen "Sauté" igen og tilsæt gyllen. Lad det simre til det er tyknet.

6. Saml sandwichene med svinekød og pickles. Nyd dit måltid!

Flæskesteg med frisk avocadosauce

Forberedelsestid: 35 minutter

Portioner 6

Ernæringsværdier pr. portion: 442 kalorier; 26,4 g fedt; 8,7 g kulhydrater; 42,3 g protein; 1,4 g sukkerarter

ingredienser

- 2 pund flæskesteg, i tern
- 1 kop vand
- 1 spsk oksefond granulat
- 1 spsk fiskesauce
- 1 habanero peber, finthakket
- 1/2 kop spidskål, hakket
- 1 tsk ingefær-hvidløgspasta
- 2 teskefulde olivenolie
- Friskkværnet sort peber efter smag
- Avocado sauce:
- 1 avocado, udstenet og skrællet
- 2 spsk mayonnaise
- 2 fed hvidløg, knust
- 1 spsk frisk limesaft

1. Tilsæt flæskesteg, vand, oksebouillongranulat, fiskesauce, habanero-peber, spidskål, ingefær-hvidløgspasta, olivenolie og kværnet sort peber til Instant Pot.

2. Fastgør låget. Vælg indstillingen "Kød/Cub" og steg på højtryk i 30 minutter. Når tilberedningen er færdig, skal du bruge en naturlig trykudløser; fjern forsigtigt låget.

3. I mellemtiden piskes alle ingredienserne til saucen i en røreskål. Server med flæskesteg og nyd!

Thai Pork Medallion Curry

Forberedelsestid: 15 minutter

Portioner 4

Ernæringsværdier pr. portion: 286 kalorier; 15,3 g fedt; 5,8 g kulhydrater; 30,5 g protein; 1,7 g sukkerarter

ingredienser

- 2 tsk kokosolie
- 1 pund svinekød medaljoner
- 1/2 tsk spidskommen frø
- 1 jalapeñopeber, frøet og finthakket
- 1 laurbærblad
- 1½ spsk fiskesauce
- 1 kop oksebensbouillon
- 2 fed hvidløg, hakket
- 2 spsk thailandsk grøn karrypasta
- 1 spsk æblecidereddike
- Salt og kværnet sort peber efter smag
- 1/2 tsk cayennepeber
- Skal og saft af 1 lime

Vejbeskrivelse

1. Tryk på knappen "Sauté" for at forvarme Instant Pot. Varm kokosolien op. Når svinemedaljonerne er varme, steges de i 2 til 3 minutter.

2. Tilsæt de resterende ingredienser, inklusive ristede krydderurter.

3. Fastgør låget. Vælg indstillingen "Manuel" og kog ved højtryk i 8 minutter. Når tilberedningen er færdig, brug en hurtig trykudløser; fjern forsigtigt låget.

4. Server med basmatiris og nyd!

Nem svinekød sliders

Tilberedningstid: 1 time 10 minutter + marineringstid

Portioner 6

Ernæringsværdier pr. portion: 433 kalorier; 18,8 g fedt; 20,9 g kulhydrater; 43,9 g protein; 6 g sukker

ingredienser

- 2 pund svinekam, skåret i tern
- 4 fed hvidløg, knust
- 2 spsk friske forårsløg, hakket
- 1/2 kop ananasjuice
- Salt og sort peber efter smag
- 1 tsk cayennepeber
- 1/4 tsk sennepsfrø
- 1/4 tsk spidskommen
- 1½ spsk olivenolie
- 1 hoved frisk icebergsalat, blade adskilt
- 2 spsk dijonsennep
- 6 middagsruller

Vejbeskrivelse

1. Læg svinekød, hvidløg, spidskål, ananas, juice, salt, sort peber, cayennepeber, sennepsfrø og spidskommen i en røreskål; pak den ind i folie og stil den i køleskabet i 2 timer.

2. Tryk på "Sauté"-knappen og opvarm olivenolie. Kog nu svinekødet, arbejde i portioner, indtil det er godt brunet.

3. Fastgør låget. Vælg nu tilstanden "Manuel", Højtryk og 60 minutter. Når madlavningen er færdig, skal du bruge en naturlig udløsning; fjern forsigtigt låget.

4. Server over middagsruller, toppet med frisk salat og dijonsennep. Nyd dit måltid!

Fem stjernet picnic skulder

Forberedelsestid: 50 minutter

Portioner 4

Ernæringsværdier pr. portion: 288 kalorier; 12,7 g fedt; 6,1 g kulhydrater; 35,2 g protein; 3,2 g sukker

ingredienser

- 1 ½ pund svinekød picnic skulder
- 1 tsk hvidløgspulver
- 1/2 tsk spidskommen pulver
- 1/4 tsk kanel, stødt
- 1 tsk selleri frø
- 1 tsk oregano, tørret
- Havsalt og kværnet sort peber efter smag
- 1/2 kop frisk appelsinjuice
- 1 kop oksebensbouillon

Vejbeskrivelse

1. Tilføj alle ovenstående ingredienser til Instant Pot.
2. Fastgør låget. Vælg indstillingen "Kød/Cub" og steg på højtryk i 45 minutter. Når tilberedningen er færdig, skal du bruge en naturlig trykudløser; fjern forsigtigt låget.
3. Test for færdighed og skær svinekødet i tynde skiver; overfør til en serveringsskål. Server varm og nyd!

223. Asiatisk rejeforretter

Forberedelsestid: 10 minutter

Tilberedningstid: 4 minutter

Portioner: 4

Ingredienser:

- 1 pund rejer, pillet og deveiret
- 2 spsk kokosnødde aminosyrer
- 3 spiseskefulde eddike
- ¾ kop ananasjuice
- 1 kop hønsebouillon
- 3 spiseskefulde stevia

Rutevejledning:

1. Tilsæt rejer, ananasjuice, bouillon, aminosyrer og stevia til din Instant Pot, rør let rundt, læg låg på og kog på høj i 4 minutter.
2. Anret rejerne på et fad, drys med kogevæske og server som forret.
3. Nyder!

Ernæringsværdier pr. portion: Kalorier 172, fedt 4, fiber 1, kulhydrater 3, protein 20

Middelhavet blæksprutte forretter

Forberedelsestid: 10 minutter

Tilberedningstid: 16 minutter

Portioner: 6

Ingredienser:

- 1 blæksprutte, renset og klargjort
- 2 kviste rosmarin
- 2 tsk oregano, tørret
- ½ gult løg, hakket
- 4 kviste timian
- ½ citron
- 1 tsk sorte peberkorn
- 3 spiseskefulde olivenolie
- Til marinaden:
- ¼ kop ekstra jomfru olivenolie
- Saft af ½ citron
- 4 fed hvidløg, hakket
- 2 kviste timian
- 1 kvist rosmarin
- Salt og sort peber efter smag

Rutevejledning:

1. Placer blæksprutten i din Instant Pot, tilsæt oregano, 2 kviste rosmarin, 4 kviste timian, løg, citron, 3

spiseskefulde olivenolie, peberkorn og salt, rør rundt, læg låg på, kog på høj i 10 minutter, overfør til en stikling bord, køl det af, adskil tentaklerne og overfør dem til en skål.

2. Tilsæt en kop olivenolie, citronsaft, hvidløg, 1 kvist rosmarin, 2 kviste timian, salt og peber, rør rundt og stil til side i 1 time.

3. Læg blæksprutten på en forvarmet grill ved middel varme, steg 3 minutter på hver side, anret på et fad og server.

4. Nyder!

Ernæringsværdier pr. portion: Kalorier 162, fedt 3, fiber 1, kulhydrater 2, protein 7

Kinesisk blæksprutteforretter

Forberedelsestid: 10 minutter

Tilberedningstid: 15 minutter

Portioner: 4

Ingredienser:

- 4 blæksprutter, tentakler fra 1 blæksprutte adskilt og finthakket
- 1 kop blomkålsris
- 14 ounce fiskefond
- 4 spiseskefulde kokosnødde aminosyrer
- 1 spsk mirin
- 2 spsk stevia

Rutevejledning:

1. Bland i en skål hakkede tentakler med blomkålsris, rør godt rundt og fyld hver blæksprutte med blandingen.
2. Placer blæksprutten i din Instant Pot, tilsæt bouillon, aminosyrer, mirin og stevia, rør rundt, dæk til og kog på High i 15 minutter.
3. Anret de fyldte blæksprutter på et fad og server som forret.
4. Nyder!

Ernæringsværdier pr. portion: Kalorier 162, fedt 2, fibre 2, kulhydrater 3, protein 10

Simple artiskokker

Forberedelsestid: 10 minutter

Tilberedningstid: 15 minutter

Portioner: 4

Ingredienser:

- 4 store artiskokker, trimmet
- Salt og sort peber efter smag
- 2 spsk citronsaft
- ¼ kop olivenolie
- 2 tsk balsamicoeddike
- 1 tsk oregano, tørret
- 2 fed hvidløg, hakket
- 2 kopper vand

Rutevejledning:

1. Tilsæt vandet til din Instant Pot, tilsæt dampkogerkurven, tilsæt artiskokker, læg låg på og kog på høj i 8 minutter.
2. Bland citronsaft med eddike, olie, salt, peber, hvidløg og oregano i en skål og rør godt.
3. Skær artiskokkerne i halve, kom dem i citron-eddikeblandingen, vend godt rundt, læg dem på en forvarmet grill ved middel varme, steg i 3 minutter på hver side, anret dem på et fad og server som forret.

4. Nyder!

Ernæringsværdier pr. portion: Kalorier 162, fedt 4, fiber 2, kulhydrater 3, protein 5

Cajun rejer

Forberedelsestid: 4 minutter

Tilberedningstid: 3 minutter

Portioner: 4

Ingredienser:

- 1 kop vand

- 1 pund rejer, pillet og deveiret

- ½ spsk Cajun-krydderi

- 1 tsk ekstra jomfru olivenolie

- 1 bundt asparges, skåret

Rutevejledning:

1. Tilsæt vandet til din Instant Pot, tilsæt dampkogerkurven, tilsæt rejer og asparges, drys Cajun-krydderi og olie på toppen, vend lidt, dæk gryden og kog på High i 3 minutter.

2. Anret på forretstallerkener og server som forret.

3. Nyder!

Ernæringsværdier pr. portion: Kalorier 152, fedt 2, fiber 3, kulhydrater 8, protein 15

Endivie

Forberedelsestid: 10 minutter

Tilberedningstid: 7 minutter

Portioner: 4

Ingredienser:

- 4 endivie, renset og halveret
- Salt og sort peber efter smag
- 1 spsk citronsaft
- 1 spsk ghee

Rutevejledning:

1. Indstil din Instant Pot til Sauté-tilstand, tilsæt ghee, varm den op, tilsæt endivie, smag til med salt og peber, drys med citronsaft, dæk gryden og kog ved høj i 7 minutter.

2. Anret endivie på et fad, drys lidt af madlavningssaften over og server som aperitif.

3. Nyder!

Ernæringsværdier pr. portion: Kalorier 100, fedt 3, fiber 2, kulhydrater 7, protein 2

Endivie og skinkeforretter

Forberedelsestid: 10 minutter

Tilberedningstid: 20 minutter

Portioner: 4

Ingredienser:

- 4 endivier, renset
- 1 kop vand
- Salt og sort peber efter smag
- 1 spsk kokosmel
- 2 spsk ghee
- 4 skiver skinke
- ½ tsk muskatnød, stødt
- 14 ounce kokosmælk

Rutevejledning:

1. Tilsæt vandet til din Instant Pot, tilsæt dampkogerkurven, tilsæt endiver, læg låg på, kog på høj i 10 minutter, pak dem ind i skinke og læg dem i en bageform

2. Rens din Instant Pot, sæt den til at simre, tilsæt ghee, varm den op, tilsæt kokosmel, mælk, salt, peber og muskatnød, rør rundt og kog i 7 minutter.

3. Hæld mælke- og muskatnødblandingen over endivien, læg den i den forvarmede grill og steg i 10 minutter.

4. Anret på et fad og server som forret.

5. Nyder!

**Ernæringsværdier pr. portion: Kalorier 152, fedt 3, fibre 3, kulhydrater 6, protein
12**

Aubergine pasta

Forberedelsestid: 10 minutter

Tilberedningstid: 10 minutter

Portioner: 6

Ingredienser:

- 2 pund aubergine, skrællet og skåret i mellemstore stykker
- Salt og sort peber efter smag
- ¼ kop olivenolie
- 4 fed hvidløg, hakket
- ½ kop vand
- 3 oliven, udstenede og skåret i skiver
- ¼ kop citronsaft
- 1 bundt timian, finthakket
- 1 spsk sesamfrøpasta

Rutevejledning:

1. Indstil din Instant Pot til sautétilstand, tilsæt olie, varm den op, tilsæt auberginestykker, rør rundt og kog i 5 minutter.
2. Tilsæt hvidløg, vand, salt og peber, rør rundt, læg låg på, kog på høj i 3 minutter, kom over i en blender, tilsæt sesamfrøpasta, citronsaft og timian, rør og pulsér godt.

3. Overfør til skåle, drys med olivenskiver og server som
    aperitif.
4. Nyder!

Ernæringsværdier pr. portion: Kalorier 87, fedt 4, fiber 2, kulhydrater 6, protein 2.

Okra skåle

Forberedelsestid: 10 minutter

Tilberedningstid: 15 minutter

Portioner: 6

Ingredienser:

- 1 pund okra, trimmet
- 6 forårsløg, hakket
- 3 grønne peberfrugter, finthakket
- Salt og sort peber efter smag
- 2 spsk olivenolie
- 1 tsk stevia
- 28 ounce dåsetomater, hakket

Rutevejledning:

1. Indstil din Instant Pot til Sauté-tilstand, tilsæt olie, varm den op, tilsæt spidskål og peberfrugt, rør rundt og kog i 5 minutter.
2. Tilsæt okra, salt, peber, stevia og tomater, rør rundt, læg låg på, kog på høj i 10 minutter, del i små skåle og server som forretsalat.
3. Nyder!

Ernæringsværdier pr. portion: Kalorier 121, fedt 3, fibre 3, kulhydrater 6, protein 4

Nem porre-ret

Forberedelsestid: 10 minutter

Tilberedningstid: 10 minutter

Portioner: 4

Ingredienser:

- 4 porrer, vasket, rødder og ender skåret af
- Salt og sort peber efter smag
- 1/3 kop vand
- 1 spsk ghee

Rutevejledning:

1. Placer porrerne i din Instant Pot, tilsæt vand, ghee, salt og peber, rør rundt, læg låg på og kog på høj i 5 minutter.
2. Sæt gryden på sauter, kog porren et par minutter mere, anret på et fad og server som forret.
3. Nyder!

Ernæringsværdier pr. portion: Kalorier 73, fedt 3, fiber 4, kulhydrater 9, protein 7

Tomat forretter

Forberedelsestid: 10 minutter

Tilberedningstid: 10 minutter

Portioner: 4

Ingredienser:

- 4 tomater, toppen skåret af og kødet taget ud
- ½ kop vand
- Salt og sort peber efter smag
- 1 gult løg, hakket
- 1 spsk ghee
- 2 spsk selleri, hakket
- ½ kop champignon, hakkede
- 1 kop hytteost
- ¼ teskefuld kommenfrø
- 1 spsk persille, hakket

Rutevejledning:

1. Indstil din Instant Pot til sautétilstand, tilsæt ghee, varm den op, tilsæt løg og selleri, rør rundt og steg i 3 minutter.
2. Tilsæt tomatpulp, svampe, salt, peber, ost, persille og kommenfrø, rør rundt, kog i yderligere 3 minutter og fyld tomaterne med denne blanding.

3. Tilsæt vandet til din Instant Pot, tilsæt dampkogerkurven og fyldte tomater, læg låg på og kog på høj i 4 minutter.

4. Anret tomaterne på et fad og server som forret.

5. Nyder!

Ernæringsværdier pr. portion: Kalorier 152, fedt 2, fiber 4, kulhydrater 6, protein 7

Kanel og græskar muffins

Forberedelsestid: 10 minutter

Tilberedningstid: 20 minutter

Portioner: 18

Ingredienser:

- 4 spiseskefulde ghee
- ¾ kop græskarpuré
- 2 spsk hørfrømel
- ¼ kop kokosmel
- ½ kop erythritol
- ½ tsk muskatnød, stødt
- 1 tsk kanelpulver
- ½ tsk bagepulver
- ½ tsk bagepulver
- 1 og ½ dl vand
- 1 æg

Rutevejledning:

1. Bland i en skål ghee med græskarpuré, æg, hørfrømel, kokosmel, erythritol, bagepulver, natron, muskatnød og kanel, rør godt rundt og fordel ud over en smurt muffinform.

2. Tilsæt vandet til din Instant Pot, tilsæt dampkogerkurven, tilsæt muffinspanden, dæk gryden og kog på høj i 20 minutter.

3. Anret muffinsene på et fad og server som snack.

Ernæringsværdier pr. portion: Kalorier 50, fedt 3, fiber 1, kulhydrater 2, protein 2

Krydrede chilikugler

Forberedelsestid: 10 minutter

Tilberedningstid: 5 minutter

Portioner: 3

Ingredienser:

- 3 skiver bacon
- 1 kop vand
- 3 ounce flødeost
- ¼ teskefuld løgpulver
- Salt og sort peber efter smag
- 2 jalapenopeber, finthakket
- ½ tsk persille, tørret
- ¼ tsk hvidløgspulver

Rutevejledning:

1. Indstil din Instant Pot til sautertilstand, tilsæt bacon, kog i et par minutter, overfør til køkkenrulle, dræn og smuldr fedtet.
2. I en skål blandes flødeost med jalapenos, bacon, løg, hvidløgspulver, persille, salt og peber, rør godt og form denne blanding til kugler.
3. Rens gryden, tilsæt vand og dampkoger, tilsæt krydrede frikadeller, læg låg på og kog på høj i 2 minutter.

4. Anret kuglerne på et fad og server som aperitif.

5. Nyder!

Ernæringsværdier pr. portion: Kalorier 150, fedt 5, fiber 1, kulhydrater 2, protein 5

Italiensk Dip

Forberedelsestid: 10 minutter

Tilberedningstid: 20 minutter

Portioner: 4

Ingredienser:

- 4 ounce flødeost, blødgjort
- ½ kop mozzarellaost
- ¼ kop kokosfløde
- Salt og sort peber efter smag
- 1/2 kop tomatsauce
- 4 sorte oliven, udstenede og finthakkede
- ¼ kop mayonnaise
- ¼ kop parmesanost, revet
- 1 spsk grøn peber, finthakket
- 6 skiver pepperoni, finthakket
- ½ tsk italienske krydderurter
- 2 kopper vand

Rutevejledning:

1. Bland i en skål flødeost med mozzarella, kokoscreme, mayo, salt og peber, rør rundt og del i 4 ramekins.

2. Lag af tomatsauce, parmesanost, peberfrugt, pepperoni, italienske krydderurter og sorte oliven på toppen,

3. Tilsæt vandet til din Instant Pot, tilsæt dampkogerkurven, tilsæt ramekins, dæk til og kog på høj i 20 minutter.

4. Server denne dip varm med grøntsagsstænger ved siden af.

5. Nyder!

Ernæringsværdier pr. portion: Kalorier 250, fedt 15, fibre 4, kulhydrater 4, protein 12

Avocado dip

Forberedelsestid: 10 minutter

Tilberedningstid: 2 minutter

Portioner: 4

Ingredienser:

- ¼ kop erythritolpulver
- 1 kop vand
- ½ kop koriander, hakket
- 2 avocadoer, udstenede, skrællede og halveret
- ¼ tsk stevia
- Saft af 2 limefrugter
- Skal af 2 limefrugter, revet
- 1 kop kokosmælk

Rutevejledning:

1. Tilsæt vandet til din Instant Pot, tilsæt dampkogerkurven, tilsæt avocadohalvdelene, læg låg på og kog på høj i 2 minutter.
2. Overfør til din blender, tilsæt limesaft og koriander og puls det godt.
3. Tilsæt kokosmælk, limeskal, stevia og erythritolpulver, pulsér igen, fordel mellem skåle og server.
4. Nyder!

Ernæringsværdier pr. portion: Kalorier 150, fedt 6, fiber 2, kulhydrater 4, protein 2

Minty rejer forretter

Forberedelsestid: 10 minutter

Tilberedningstid: 20 minutter

Portioner: 16

Ingredienser:

- 2 spsk olivenolie
- 10 ounce rejer, kogte, pillede og deveirede
- 1 spsk mynte, hakket
- 2 spiseskefulde erythritol
- 1/3 kop brombær, malet
- 11 skiver prosciutto
- 1/3 kop grøntsagsfond.

Rutevejledning:

1. Pak hver reje ind i prosciutto-skiver og dryp med olie.
2. I din Instant Pot, kombiner brombær med mynte, bouillon og erythritol, rør rundt, reducer til simre og kog i 2 minutter.
3. Tilsæt dampkogerkurven og indpakkede rejer, dæk gryden og kog på høj i 2 minutter.
4. Anret de indpakkede rejer på et fad, dryp myntesaucen over og server.

5. Nyder!

Zucchini forretter salat

Forberedelsestid: 10 minutter

Tilberedningstid: 6 minutter

Portioner: 4

Ingredienser:

- 1 kop mozzarella, strimlet
- ¼ kop tomatsauce
- 1 zucchini, groft hakket
- Salt og sort peber efter smag
- En knivspids spidskommen, malet
- Et skvæt olivenolie

Rutevejledning:

1. I din Instant Pot, kombiner zucchini med olie, tomatsauce, salt, peber og spidskommen, vend lidt rundt, læg låg på og kog på High i 6 minutter.
2. Fordel mellem forretterne og server med det samme.
3. Nyder!

Ernæringsværdier pr. portion: Kalorier 130, fedt 4, fiber 2, kulhydrater 4, protein 3

Æggesalat

Forberedelsestid: 30 minutter

Portioner 4

Ernæringsværdier pr. portion: 342 kalorier; 29,2 g fedt; 3,2 g samlede kulhydrater; 12,7 g protein; 1,6 g sukkerarter

ingredienser

- 6 æg

- 1/2 pund grønne bønner, trimmet

- 1 kop vand

- 3 skiver prosciutto, finthakket

- 1/2 kop grønne løg, hakket

- 1 gulerod, revet

- 1/2 kop mayonnaise

- 1 spsk æblecidereddike

- 1 tsk gul sennep

- 4 spsk Gorgonzola ost, smuldret

Vejbeskrivelse

1. Hæld vandet i Instant Pot; tilsæt en dampkoger i bunden. Arranger æggene i en dampkoger.

2. Fastgør låget. Vælg "Manuel" tilstand og Højtryk; kog 5 minutter. Når tilberedningen er færdig, skal du bruge en naturlig trykudløser; fjern forsigtigt låget.

3. Lad æggene køle af i 15 minutter. Pil æggene og skær dem i skiver.

4. Tilsæt derefter grønne bønner og 1 kop vand til din Instant Pot.

5. Fastgør låget. Vælg "Manuel" tilstand og Lavtryk; kog 5 minutter. Når tilberedningen er færdig, brug en hurtig trykudløser; fjern forsigtigt låget.

6. Overfør grønne bønner til en salatskål. Tilsæt prosciutto, grønne løg, gulerod, mayonnaise, eddike og sennep. Top med gorgonzola ost og skåret æg. Nyder!

Bedstemors ostesuppe

Forberedelsestid: 25 minutter

Portioner 4

Ernæringsværdier pr. portion: 530 kalorier; 37,6 g fedt; 4,2 g samlede kulhydrater; 43,1 g protein; 1,9 g sukkerarter

ingredienser

- 2 spsk smør, smeltet
- 1/2 kop porre, finthakket
- 2 kyllingebryst, renset og skåret i mundrette stykker
- 1 gulerod, skåret i skiver
- 1 stilk selleri, hakket
- 1/2 tsk granuleret hvidløg
- 1 tsk basilikum
- 1/2 tsk oregano
- 1/2 tsk dildukrudt
- 4 ½ dl grøntsagsfond
- 3 ounces tung fløde
- 3/4 kop cheddarost, revet

- 1 dynger spiseskefuld frisk persille, groft hakket

Vejbeskrivelse

1. Tryk på knappen "Sauté" for at opvarme din Instant Pot. Smelt nu smørret og kog porren mør og duftende.

2. Tilsæt kylling, gulerod, selleri, hvidløg, basilikum, oregano, dild og bouillon.

3. Fastgør låget. Vælg "Manuel" tilstand og Højtryk; kog 17 minutter. Når tilberedningen er færdig, skal du bruge en naturlig trykudløser; fjern forsigtigt låget.

4. Tilsæt fløde og ost, rør rundt og tryk på knappen "Sauté" igen. Kog nu suppen et par minutter længere eller indtil den er gennemvarmet.

5. Server i individuelle skåle, pyntet med frisk persille. Nyd dit måltid!

Osteagtig krydret æg

Forberedelsestid: 25 minutter

Portioner 4

Ernæringsværdier pr. portion: 264 kalorier; 21,1 g fedt; 6 g samlede kulhydrater; 11,7 g protein; 3,8 g sukkerarter

ingredienser

- 6 æg
- 1 tsk rapsolie
- 1 løg, hakket
- 2 peberfrugter, drænet og finthakket
- Krydret salt og friskkværnet sort peber efter smag
- 1/4 kop mayonnaise
- 1 tsk sennep
- 1 spsk frisk citronsaft
- 4 spsk Colby ost, revet

- 1 tsk røget ungarsk paprika

Vejbeskrivelse

1. Hæld vandet i Instant Pot; tilsæt en dampkoger i bunden.
2. Arranger æggene i en dampkoger, hvis du har en.
3. Fastgør låget. Vælg "Manuel" tilstand og Højtryk; kog 5 minutter. Når tilberedningen er færdig, skal du bruge en naturlig trykudløser; fjern forsigtigt låget.

4. Lad æggene køle af i 15 minutter. Pil æggene og adskil hviderne fra blommerne.

5. Tryk på knappen "Sauté" for at opvarme din Instant Pot; Varm olien op. Steg nu løget sammen med peberfrugterne, til det er blødt. Smag til med salt og peber.

6. Tilføj de reserverede æggeblommer til peberblandingen. Rør mayonnaise, sennep og citronsaft i. Fyld nu æggehviderne med denne blanding.

7. Drys med revet Colby ost og anret djævelæggene på et serveringsfad. Drys derefter ungarsk paprika over æggene og server.

Velsmagende æggecreme

Forberedelsestid: 15 minutter

Portioner 3

Ernæringsværdier pr. portion: 234 kalorier; 16,8 g fedt; 3,6 g samlede kulhydrater; 16,4 g protein; 1,8 g sukkerarter

ingredienser

- 3 æg, godt pisket
- 1 kop bouillon, gerne hjemmelavet
- Kosher salt og hvid peber efter smag
- 1 spsk tamari sauce
- 1/2 spsk østerssauce

- 1/2 kop Comté ost, revet

1. Læg de sammenpiskede æg i en røreskål. Tilsæt fond langsomt og gradvist under konstant omrøring.

2. Smag til med salt og papir. Hæld derefter denne blanding gennem en sigte. Tilsæt tamari sauce og østerssauce.

3. Hæld blandingen i tre skåle. Dæk nu formene med et stykke folie. Placer figurerne på metalunderlaget.

4. Fastgør låget. Vælg "Manuel" tilstand og Lavtryk; kog 7 minutter. Når tilberedningen er færdig, skal du bruge en naturlig trykudløser; fjern forsigtigt låget.

5. Drys med ost og server straks. Nyd dit måltid!

æggemuffins i indisk stil

Forberedelsestid: 10 minutter

Portioner 5

Ernæringsværdier pr. portion: 202 kalorier; 13,7 g fedt; 4,7 g samlede kulhydrater; 15,4 g protein; 2,6 g sukker

ingredienser

- 5 æg

- Krydret salt og kværnet sort peber efter smag

- 2 grønne chilier, finthakket

- 5 spsk fetaost, smuldret

- 1/2 spsk Chaat masala pulver

- 1 spsk frisk koriander, finthakket

Vejbeskrivelse

1. Start med at tilføje 1 kop vand og en damperkurv til din Instant Pot.

2. Bland alle ingredienser sammen; hæld derefter æg/osteblandingen i silikonemuffinskopper.

3. Sænk derefter dine muffinsforme ned på dampkogerkurven.

4. Fastgør låget. Vælg "Manuel" tilstand og Højtryk; kog 7 minutter. Når tilberedningen er færdig, brug en hurtig trykudløser; fjern forsigtigt låget.

5. Lad dine muffins sidde i et par minutter, før du fjerner dem fra kopperne; server varm. Nyd dit måltid!

Peber og æg "Sandwich"

Forberedelsestid: 10 minutter

Portioner 2

Ernæringsværdier pr. portion: 320 kalorier; 25,5 g fedt; 5,1 g samlede kulhydrater; 15,7 g protein; 3,3 g sukker

ingredienser

- 2 teskefulde smør
- 5 æg
- 4 spsk flødeskum
- Krydret salt efter smag
- 1/3 tsk rød peberflager, knust
- 2 peberfrugter
- 1/2 tomat, skåret i skiver
- 1/2 agurk, skåret i skiver

1. Tryk på knappen "Sauté" for at opvarme din Instant Pot. Varm nu smørret op.

2. Bland æg, fløde, salt og rød peber godt sammen. Rør rundt med en træske, indtil æggene er blødt stivnet.

3. Skær nu toppen og bunden af hver peberfrugt; fjern frø og årer. Skær derefter hver peberfrugt i halve.

4. Læg røræg, tomat og agurk mellem de to stykker. Server og nyd!

Ost, pølse og grøntsagsbag

Forberedelsestid: 25 minutter

Portioner 4

Ernæringsværdier pr. portion: 344 kalorier; 27,4 g fedt; 3 g samlede kulhydrater; 20,3 g protein; 1,3 g sukkerarter

ingredienser

- 8 skiver svinepølse, finthakket
- 1 ½ dl champignon i skiver
- 1 fed hvidløg, finthakket
- 1 kop grønkålsblade, revet i stykker
- 7 æg
- 1/3 kop mælk
- 1 kop Manchego ost, revet

- Havsalt og friskkværnet sort peber efter smag

Vejbeskrivelse

1. Tryk på knappen "Sauté" for at opvarme Instant Pot. Kog nu pølsen til den ikke længere er lyserød.

2. Tilsæt derefter svampe og hvidløg; fortsæt med at lave mad, indtil dufter; sluk for Instant Pot; tilsæt grønkål og lad stå i 5 minutter.

3. Tør din Instant Pot af med en fugtig klud. Tilsæt 1 kop vand og et metalstativ. Sprøjt en bageplade, der passer i din Instant Pot.

4. I en røreskål blandes æg, mælk, ost, salt og sort peber
    grundigt; tilsæt pølse/grøntsagsblandingen i
    røreskålen.

5. Hæld blandingen i bageformen. Sænk bradepanden ned
    på risten.

6. Fastgør låget. Vælg "Manuel" tilstand og Højtryk; kog i
    15 minutter. Når tilberedningen er færdig, brug en
    hurtig trykudløser; fjern forsigtigt låget. Nyder!

Avocado, gedeost og æggemuffins

Forberedelsestid: 15 minutter

Portioner 6

Ernæringsværdier pr. portion: 227 kalorier; 17,5 g fedt; 4,3 g samlede kulhydrater; 13,6 g protein; 1,3 g sukkerarter

ingredienser

- 6 hele æg
- Krydret salt og friskkværnet sort peber
- 1/2 tsk cayennepeber
- 1/2 tsk tørret dildukrudt
- 2 spsk frisk persille, hakket
- 1 stor avocado, skrællet, udstenet og skåret i stykker
- 1/2 kop tomater, hakkede

- 5 ounce gedeost, smuldret

1. Start med at tilføje 1 kop vand og en damperkurv til din Instant Pot.

2. Bland alle ingredienser sammen; hæld derefter blandingen i silikonemuffinsforme.

3. Sænk derefter dine muffinsforme ned på dampkogerkurven.

4. Fastgør låget. Vælg "Manuel" tilstand og Højtryk; kog 7 minutter. Når tilberedningen er færdig, brug en hurtig trykudløser; fjern forsigtigt låget.

5. Lad disse muffins hvile i 5 til 7 minutter, før du fjerner dem fra kopperne; server varm. Nyd dit måltid!

Avocadobåde - krydret og fyldt

Forberedelsestid: 10 minutter

Portioner 2

Ernæringsværdier pr. portion: 281 kalorier; 23,6 g fedt; 6 g samlede kulhydrater; 10,1 g protein; 0,8 g sukkerarter

ingredienser

- 2 avocadoer, udstenede og skåret i halve
- 4 æg
- Salt og peber efter smag
- 4 spsk cheddarost, friskrevet
- 1 tsk Sriracha sauce

1. Start med at tilføje 1 kop vand og en damperkurv til din Instant Pot.

2. Beklæd dampkogerkurven med et stykke aluminiumsfolie.

3. Tag nu lidt af avocadokødet ud og sæt det til side til anden brug (du kan f.eks. lave guacamole) Læg avocadohalvdelene på din dampkogerkurv.

4. Tilføj et æg til hvert avocadohulrum. Smag til med salt og peber. Drys med ost og dryp med Sriracha sauce.

5. Fastgør låget. Vælg "Manuel" tilstand og Højtryk; kog i 3 minutter. Når tilberedningen er færdig, skal du bruge en naturlig trykudløser; fjern forsigtigt låget. Server varm og nyd!

Cheesy Beer Dip

Forberedelsestid: 10 minutter

Portioner 10

Ernæringsværdier pr. portion: 220 kalorier; 14,9 g fedt; 2,9 g samlede kulhydrater; 18,1 g protein; 1,7 g sukkerarter

ingredienser

- 16 ounce Cottage cheese, blødgjort
- 5 ounce gedeost, blødgjort
- 1/2 tsk hvidløgspulver
- 1 tsk stenkværnet sennep
- 1/2 kop hønsefond, gerne hjemmelavet
- 1/2 kop pilsnerøl
- 6 ounce pancetta, hakket
- 1 kop Monterey-Jack ost, revet
- 2 spsk frisk purløg, groft hakket

1. Tilsæt hytteost, gedeost, hvidløgspulver, sennep, hønsefond, øl og pancetta til Instant Pot.

2. Fastgør låget. Vælg "Manuel" tilstand og Højtryk; kog i 4 minutter. Når tilberedningen er færdig, brug en hurtig trykudløser; fjern forsigtigt låget.

3. Tryk på knappen "Sauté" for at opvarme din Instant Pot. Tilsæt Monterey-Jack ost og rør, indtil det er gennemvarmet.

4. Drys med friskhakket purløg og server. Nyd dit måltid!

Sund morgenmad wraps

Forberedelsestid: 10 minutter

Portioner 4

Ernæringsværdier pr. portion: 202 kalorier; 13,7 g fedt; 4,7 g samlede kulhydrater; 15,4 g protein; 2,6 g sukker

ingredienser

- 4 æg, pisket
- 1/3 kop dobbelt creme
- 2 ounce Mozzarella ost, smuldret
- 1/3 tsk rød peberflager, knust
- Salt, efter smag
- 8 blade løs salat

Vejbeskrivelse

1. Start med at tilføje 1 kop vand og et metalstativ til din Instant Pot. Spray en bageplade med nonstick-spray.

2. Bland derefter æg, fløde, ost, rød peber og salt grundigt. Hæld denne kombination i bageformen.

3. Fastgør låget. Vælg "Manuel" tilstand og Højtryk; kog i 3 minutter. Når tilberedningen er færdig, skal du bruge en naturlig trykudløser; fjern forsigtigt låget.

4. Fordel æggeblandingen over salatbladene, pak hvert blad ind og server med det samme. Nyd dit måltid!

Keto osteagtig pizza

Forberedelsestid: 20 minutter

Portioner 6

Ernæringsværdier pr. portion: 334 kalorier; 25,1 g fedt; 5,9 g samlede kulhydrater; 20,5 g protein; 2,8 g sukkerarter

ingredienser

- 1 spsk olivenolie
- 1 stor tomat, hakket
- 6 ounce pepperoni
- 1 gult løg, hakket
- 2 peberfrugter, skåret i skiver
- 1 kop mozzarellaost, skåret i skiver
- 1/2 kop provolone ost, skåret i skiver
- 3 æg, pisket
- 1/2 tsk tørret basilikum
- 1/2 tsk tørret oregano
- 1/2 tsk tørret rosmarin
- 1/2 kop Kalamata oliven, udstenede og halveret

1. Smør bunden og siderne af din Instant Pot med olivenolie. Læg 1/2 af den snittede tomat på bunden.

2. Placer derefter 3 ounce pepperoni, 1/2 gult løg, 1 peberfrugt, 1/2 kop mozzarellaost og 1/4 kop provoloneost.

3. Fortsæt med at lægge lag, indtil du løber tør for ingredienser. Tilsæt de sammenpiskede æg. Drys derefter krydderurter og oliven over.

4. Fastgør låget. Vælg "Manuel" tilstand og Højtryk; kog i 15 minutter. Når tilberedningen er færdig, skal du bruge en naturlig trykudløser; fjern forsigtigt låget. Serveres varm.

Peberrige Habanero-æg

Forberedelsestid: 25 minutter

Portioner 4

Ernæringsværdier pr. portion: 338 kalorier; 25,7 g fedt; 5,8 g samlede kulhydrater; 19,8 g protein; 2,8 g sukkerarter

ingredienser

- 8 æg
- 2 tsk habanero chilipeber, finthakket
- 1 tsk spidskommen frø
- 1/4 kop creme fraiche
- 1/4 kop mayonnaise
- 1 tsk stenkværnet sennep
- 1/2 tsk cayennepeber
- Havsalt og friskkværnet sort peber efter smag

1. **Rutevejledning:**
2. Hæld 1 kop vand i Instant Pot; tilsæt en dampkoger i bunden.
3. Arranger æggene i dampkogerkurven.
4. Fastgør låget. Vælg "Manuel" tilstand og Højtryk; kog 5 minutter. Når tilberedningen er færdig, skal du bruge en naturlig trykudløser; fjern forsigtigt låget.
5. Lad æggene køle af i 15 minutter. Pil æggene og adskil hviderne fra blommerne.

6. Tryk på knappen "Sauté" for at opvarme din Instant Pot; Varm olien op. Steg nu habanero chilipeber og spidskommen til det dufter.

7. Tilføj de reserverede æggeblommer til peberblandingen. Rør creme fraiche, mayonnaise, sennep, cayennepeber, salt og sort peber i. Fyld nu æggehviderne med denne blanding. Nyd dit måltid!

Æggesalat med sennepsfrødressing

Forberedelsestid: 25 minutter

Portioner 4

Ernæringsværdier pr. portion: 340 kalorier; 27,5 g fedt; 5,1 g samlede kulhydrater; 16,4 g protein; 1,9 g sukkerarter

ingredienser

- 5 mellemstore æg
- 1/2 pund grønkålsblade, revet i stykker
- 1/2 kop radise, skåret i skiver
- 1 hvidløg, skåret i tynde skiver
- 2 spsk champagneeddike
- 1/2 spsk valmuefrø
- Havsalt og hvid peber efter smag
- 1/2 tsk cayennepeber
- 1 tsk gul sennep
- 1/4 kop ekstra jomfru olivenolie
- 3 ounce gedeost, smuldret

1. Hæld 1 kop vand i Instant Pot; tilsæt en dampkoger i bunden.

2. Arranger æggene i dampkogerkurven.

3. Fastgør låget. Vælg "Manuel" tilstand og Højtryk; kog 5 minutter. Når tilberedningen er færdig, skal du bruge en naturlig trykudløser; fjern forsigtigt låget.

4. Lad æggene køle af i 15 minutter. Stil dem derefter i køleskabet og reserver.

5. Læg derefter grønkål i dampkogerkurven.

6. Fastgør låget. Vælg "Manuel" tilstand og Højtryk; kog i 1 minut. Når tilberedningen er færdig, brug en hurtig trykudløser; fjern forsigtigt låget.

7. Læg nu radise og løg i en salatskål. Tilsæt grønkål og snittede æg.

8. I en røreskål blandes eddike, valmuefrø, salt, hvid peber, cayennepeber og olivenolie grundigt.

9. Hæld dressingen over din salat. Drys med gedeost og server godt afkølet. Nyd dit måltid!

Æggesalatskål

Forberedelsestid: 25 minutter

Portioner 4

Ernæringsværdier pr. portion: 276 kalorier; 22,6 g fedt; 6,7 g samlede kulhydrater; 12,5 g protein; 1,4 g sukkerarter

ingredienser

- 8 æg
- 1 avocado, udstenet, skrællet og hakket
- 1/4 mayonnaise
- 1 spsk frisk limesaft
- 1 spsk champagneeddike
- 1 tsk malet sennep
- Havsalt og kværnet sort peber efter smag
- 1/2 tsk selleri frø
- 8 sorte oliven, udstenede og skåret i skiver
- 1/2 kop basilikumblade, løst pakket

Vejbeskrivelse

1. Placer 1 kop vand og en damperkurv i din Instant Pot. Læg nu æggene på dampkogeren.

2. Fastgør låget. Vælg "Manuel" tilstand og Lavtryk; kog 5 minutter. Når tilberedningen er færdig, brug en hurtig trykudløser; fjern forsigtigt låget.

3. Lad æggene køle af i 15 minutter. Pil æggene og halver
   dem på langs.

4. Læg avocado, mayonnaise, citronsaft, eddike, sennep,
   salt, sort peber, sellerifrø i en serveringsskål; rør for at
   kombinere godt.

5. Pynt med de reserverede æg, oliven og basilikum.
   Nyder!

Ovnfad med asparges og ost

Forberedelsestid: 25 minutter

Portioner 6

Ernæringsværdier pr. portion: 272 kalorier; 21,1 g fedt; 4,7 g samlede kulhydrater; 15,5 g protein; 2,3 g sukkerarter

ingredienser

- 1 spsk smør, blødgjort
- 1/2 kop porre, finthakket
- 2 fed hvidløg, hakket
- 10 asparges, finthakkede
- 6 æg, pisket
- 4 spiseskefulde mælk
- 3 spsk flødeost
- Kosher salt og hvid peber efter smag
- 1/2 tsk timian, finthakket
- 1/2 tsk rosmarin, finthakket
- 1 kop Colby ost, revet

1. Tryk på knappen "Sauté" for at opvarme Instant Pot. Smelt nu smørret og steg porren til den er blød.

2. Tilsæt hvidløg og steg i yderligere 30 sekunder. Sluk for din Instant Pot. Tilsæt de resterende ingredienser og bland for at kombinere.

3. Hæld blandingen i let smurte forme.

4. Tør din Instant Pot af med en fugtig klud. Placer 1 kop vand og et stativ i din Instant Pot.

5. Sænk ramekinerne ned på risten. Dæk dem med et stykke folie.

6. Fastgør låget. Vælg "suppe/bouillon" og lavtrykstilstand; Kog i 20 minutter. Når tilberedningen er færdig, brug en hurtig trykudløser; fjern forsigtigt låget. Nyd dit måltid!

Festlige morgenmadsæg

Forberedelsestid: 10 minutter

Portioner 3

Ernæringsværdier pr. portion: 259 kalorier; 19,2 g fedt; 2 g samlede kulhydrater; 17,9 g protein; 1,3 g sukkerarter

ingredienser

- 6 store æg

- Salt og paprika efter smag

Vejbeskrivelse

1. Tilsæt 1 kop vand og en metalbordskive til Instant Pot.

2. Sprøjt seks silikonekopper med nonstick madlavningsspray. Knæk et æg i hver kop.

3. Sænk derefter silikonekopperne ned på metalunderlaget.

4. Fastgør låget. Vælg tilstanden "Damp" og Højtryk; kog i 4 minutter. Når tilberedningen er færdig, brug en hurtig trykudløser; fjern forsigtigt låget.

5. Krydr dine æg med salt og paprika. Nyd dit måltid!

Grøn dip med ost og sennep

Forberedelsestid: 10 minutter

Portioner 8

Ernæringsværdier pr. portion: 49 kalorier; 3,1 g fedt; 1,4 g samlede kulhydrater; 3,9 g protein; 0,8 g sukkerarter

ingredienser

- 1 kop sennepsgrønt, hakket
- 4 ounces hytteost, ved stuetemperatur
- 1/2 kop gedeost, ved stuetemperatur
- Salt og kværnet sort peber efter smag
- 1 tsk dijonsennep

Vejbeskrivelse

1. Bare smid alle ovenstående ingredienser i din Instant Pot.
2. Fastgør låget. Vælg "Manuel" tilstand og Lavtryk; kog i 3 minutter. Når tilberedningen er færdig, brug en hurtig trykudløser; fjern forsigtigt låget.
3. Server varm og nyd!

Osteagtig blomkålsdip

Forberedelsestid: 10 minutter

Portioner 10

Ernæringsværdier pr. portion: 97 kalorier; 8,7 g fedt; 1,2 g samlede kulhydrater; 3,9 g protein; 0,5 g sukkerarter

ingredienser

- 1 kop vand
- 1/2 pund blomkål, skåret i buketter
- 1/2 kop kyllingebouillon, varm
- 1/2 stang smør
- 1 kop Paneer ost, smuldret
- 2 spsk frisk koriander, hakket
- 1 tsk Kala Namak
- 1/4 tsk sort peber

1. Start med at tilføje vand og en dampkoger til din Instant Pot. Læg nu blomkålsbuketter i dampkogerkurven.

2. Fastgør låget. Vælg "Manuel" tilstand og Lavtryk; kog i 3 minutter. Når tilberedningen er færdig, brug en hurtig trykudløser; fjern forsigtigt låget.

3. Purér derefter blomkålsbuketter i din foodprocessor.

4. Tilsæt de resterende ingredienser; puré, indtil det er godt blandet. Nyd dit måltid!

Den bedste keto morgenmad

Forberedelsestid: 10 minutter

Portioner 4

Ernæringsværdier pr. portion: 256 kalorier; 18,6 g fedt; 5,3 g samlede kulhydrater; 17 g protein; 2,9 g sukkerarter

ingredienser

- 4 mellemstore Portobello-svampe, stilke fjernet
- 4 æg
- 1 rød peberfrugt, udkernet og finthakket
- 1 grøn peberfrugt, udkernet og finthakket
- Havsalt og kværnet sort peber efter ønske
- 1/2 tsk cayennepeber
- 1/2 tsk tørret dildukrudt
- 1 kop Pepper-Jack ost, revet

Vejbeskrivelse

1. Start med at tilføje 1 kop vand og en metalbordskive til din Instant Pot. Sprits Portobello-svampe med nonstick-spray.

2. Bland æg, salt, peber, sort peber, cayennepeber og dild; bland indtil godt blandet. Hæld denne blanding i de forberedte svampehætter.

3. Læg de fyldte svampe på metalunderlaget.

4. Fastgør låget. Vælg "Manuel" tilstand og Højtryk; Kog i 6 minutter. Når tilberedningen er færdig, brug en hurtig trykudløser; fjern forsigtigt låget.

5. Drys med revet ost. Nyd dit måltid!

Velsmagende Keto Wraps

Forberedelsestid: 10 minutter

Portioner 4

Ernæringsværdier pr. portion: 298 kalorier; 24,2 g fedt; 3,6 g samlede kulhydrater; 15,7 g protein; 1,3 g sukkerarter

ingredienser

- 2 tsk smør, ved stuetemperatur
- 4 æg
- Salt og rød peber efter smag
- 1/2 kop cheddarost, revet
- 8 skiver mortadella
- 1/4 kop mayonnaise
- 1 spsk dijonsennep
- 8 blade romainesalat

1. Tryk på knappen "Sauté" for at opvarme din Instant Pot. Varm nu smørret op.

2. Tilsæt æggene og rør rundt med en træske til æggene er blødt stivnet. Tilsæt salt, rød peber og ost.

3. Fortsæt med at koge i yderligere 40 sekunder, eller indtil osten er smeltet. Sluk for Instant Pot.

4. Fordel nu ægge/osteblandingen over mortadellaskiverne; tilsæt mayo og sennep. Tilføj et salatblad til hver rulle.

Pølse- og tomatgryderet

Forberedelsestid: 10 minutter

Tilberedningstid: 20 minutter

Portioner: 4

Ingredienser:

- 1 pund svinepølse, skåret i skiver
- 14 ounce dåsetomater, hakket
- 1 gult løg, hakket
- En knivspids salt og sort peber
- 1 spsk avocadoolie
- ½ kop oksebouillon

Rutevejledning:

1. Sæt Instant Pot på Sauté-indstillingen, tilsæt olien, varm den op, tilsæt løg og pølse og brun i 5 minutter.
2. Tilsæt de resterende ingredienser, dæk til og kog på lav i 15 minutter.
3. Lad trykket slippe naturligt i 10 minutter, og del derefter gryderet i skåle og server.

Ernæringsværdier pr. portion: Kalorier 200, fedt 7, fiber 3, kulhydrater 9, protein 12

Rosmarin oksekød og pastinak gryderet

Forberedelsestid: 10 minutter

Tilberedningstid: 30 minutter

Portioner: 4

Ingredienser:

- 1 pund oksekødgryderet, i tern
- 2 spsk olivenolie
- En knivspids salt og sort peber
- ¼ pund pastinak, skåret i skiver
- 4 fed hvidløg, hakket
- 2 kopper oksebouillon
- 1 spsk tomatpuré
- Et bundt rosmarin, finthakket

Rutevejledning:

1. Indstil Instant Pot til Sauté-tilstand, tilsæt olien, varm den op, tilsæt oksekød og hvidløg og steg i 5 minutter under jævnlig omrøring.
2. Tilsæt pastinakker og resten af ingredienserne, dæk til og kog på High i 25 minutter.
3. Lad trykket slippe naturligt i 10 minutter, og del derefter gryderet i skåle og server.

Ernæringsværdier pr. portion: Kalorier 242, fedt 12, fibre 4, kulhydrater 9, protein 13

Italiensk gryderet med kylling og spinat

Forberedelsestid: 10 minutter

Tilberedningstid: 25 minutter

Portioner: 4

Ingredienser:

- 1 pund kyllingebryst, uden skind, udbenet og i tern
- 1 spsk olivenolie
- 1 gult løg, hakket
- 2 kopper spinat, revet
- 1 kop hønsebouillon
- ½ kop tomatsauce
- Salt og sort peber efter smag

Rutevejledning:

1. Indstil din Instant Pot til Sauté, tilsæt olien, varm den op, tilsæt løg og kylling og brun i 5 minutter.
2. Tilsæt resten af ingredienserne, læg låg på og kog på lav i 20 minutter.
3. Lad trykket slippe naturligt i 10 minutter, og del derefter gryderet i skåle og server.

Ernæringsværdier pr. portion: Kalorier 263, fedt 11, fiber 3, kulhydrater 6, protein 17

Kylling og okra gryderet

Forberedelsestid: 10 minutter

Tilberedningstid: 20 minutter

Portioner: 4

Ingredienser:

- 1 gult løg, hakket
- 1 pund kyllingebryst, uden skind, udbenet og i tern
- 1 fed hvidløg, finthakket
- 2 kopper hønsebouillon
- 14 ounce okra
- 1 tsk five spice
- 12 ounce tomatsauce
- En knivspids salt og sort peber
- 2 tsk avocadoolie
- ½ kop persille, hakket
- Saft af 1 lime

Rutevejledning:

1. Indstil Instant Pot til Sauté-tilstand, tilsæt olien, varm den op, tilsæt kød og løg og steg i 5 minutter.
2. Tilsæt resten af ingredienserne undtagen persillen, læg låg på og kog på høj i 15 minutter.
3. Lad trykket slippe naturligt i 10 minutter, tilsæt persillen, del gryderet i skåle og server.

Ernæringsværdier pr. portion: Kalorier 253, fedt 12, fibre 5, kulhydrater 8, protein 16

Ærte- og kalkungryderet

Forberedelsestid: 10 minutter

Tilberedningstid: 25 minutter

Portioner: 4

Ingredienser:

- 1 kalkunfilet, uden skind, udbenet og i tern
- 4 fed hvidløg, hakket
- 1 spsk olivenolie
- 2 stilke selleri, finthakket
- 1 gult løg, hakkct
- 1 kop ærter
- 2 laurbærblade
- ¼ tsk timian, tørret
- En knivspids salt og sort peber
- 1 og ½ dl hønsefond
- 3 spsk tomatpure
- 1 spsk koriander, finthakket

1. Indstil din Instant Pot til at sautere, tilsæt olien, varm den op, tilsæt kød, hvidløg og løg, rør rundt og steg i 5 minutter.

2. Tilsæt resten af ingredienserne undtagen korianderen, læg låg på og kog på høj i 20 minutter.

3. Lad trykket slippe naturligt i 10 minutter, kassér laurbærbladene, tilsæt persillen, del gryderet i skåle og server.

Ernæringsværdier pr. portion: Kalorier 272, fedt 12, fiber 4, kulhydrater 7, protein 11

Tyrkiet og rosenkålsgryderet

Forberedelsestid: 10 minutter

Tilberedningstid: 25 minutter

Portioner: 4

Ingredienser:

- 1 pund kalkunbryst, uden hud, uden ben og i tern
- 1 pund rosenkål, halveret
- 1 skalotteløg, hakket
- 2 fed hvidløg, hakket
- 1 spsk olivenolie
- En knivspids salt og sort peber
- 1 spsk timian, finthakket
- ½ spsk estragon, finthakket
- 1 spsk persille, hakket
- 1 kop hønsebouillon
- ½ kop tomatsauce

1. Indstil din Instant Pot til at sautere, tilsæt olien, varm den op, tilsæt kød, rosenkål, skalotteløg og hvidløg og brun i 5 minutter.

2. Tilsæt resten af ingredienserne, læg låg på og kog på lav i 20 minutter.

3. Lad trykket slippe naturligt i 10 minutter, og del derefter gryderet i skåle og server.

Ernæringsværdier pr. portion: Kalorier 239, fedt 14, fiber 4, kulhydrater 9, protein 16

Lamme- og pebergryderet

Forberedelsestid: 5 minutter

Tilberedningstid: 20 minutter

Portioner: 4

Ingredienser:

- 1 pund lammeskulder, i tern
- 2 spsk olivenolie
- 1 hvidløg, hakket
- 2 fed hvidløg, hakket
- 10 ounce blandet peberfrugt, skåret i strimler
- 2 kopper oksebouillon
- En knivspids salt og sort peber
- 1 spsk basilikum, tørret
- 2 spsk timian, finthakket

Rutevejledning:

1. Indstil din Instant Pot til at sautere, tilsæt olien, varm den op, tilsæt kød, hvidløg og løg og steg i 5 minutter.
2. Tilsæt resten af ingredienserne, læg låg på og kog på høj i 15 minutter.
3. Slip hurtigt trykket i 5 minutter, del derefter gryderet i skåle og server.

Ernæringsværdier pr. portion: Kalorier 221, fedt 11, fiber 4, kulhydrater 6, protein 14

Flæskegryderet med kanel

Forberedelsestid: 10 minutter

Tilberedningstid: 30 minutter

Portioner: 4

Ingredienser:

- 1 og ½ pund svinekød, i tern
- 1 gult løg, hakket
- 2 spsk olivenolie
- 1 tsk kanelpulver
- 2 fed hvidløg, hakket
- En knivspids salt og sort peber
- ½ kop oksebouillon
- 12 ounce dåsetomater, hakket
- 1 spsk basilikum, finthakket

Rutevejledning:

1. Indstil din Instant Pot til Sauté-tilstand, tilsæt olien, varm den op, tilsæt kød, løg, hvidløg og kanel, vend og brun i 5 minutter.
2. Tilsæt resten af ingredienserne undtagen basilikum, læg låg på og kog på lav i 25 minutter.
3. Lad trykket slippe naturligt i 10 minutter, del derefter gryderet i skåle, drys med basilikum og server.

Ernæringsværdier pr. portion: Kalorier 231, fedt 12, fiber 3, kulhydrater 7, protein 9

Pesto svinegryde

Forberedelsestid: 10 minutter

Tilberedningstid: 30 minutter

Portioner: 4

Ingredienser:

- 1 gult løg, hakket
- 1 pund svinekødgryde, i tern
- 1 fed hvidløg, finthakket
- 1 kop hønsebouillon
- 12 ounce tomatsauce
- 1 spsk olivenolie
- Saft af ½ citron
- 1 spsk persille, hakket
- 1 spsk basilikumpesto

Rutevejledning:

1. Indstil Instant Pot til Sauté-tilstand, tilsæt olien, varm den op, tilsæt kød, løg og hvidløg og steg i 5 minutter.

2. Tilsæt de resterende ingredienser, dæk til og kog på lav i 25 minutter.

3. Lad trykket slippe naturligt i 10 minutter, og del derefter gryderet i skåle og server.

Ernæringsværdier pr. portion: Kalorier 233, fedt 12, fibre 4, kulhydrater 7, protein 15

Okse- og majroegryderet

Forberedelsestid: 10 minutter

Tilberedningstid: 40 minutter

Portioner: 6

Ingredienser:

- 2 pund oksekødgryderet i tern
- 2 kopper hønsebouillon
- 3 fed hvidløg, hakket
- 1 kop tomatsauce
- Salt og sort peber efter smag
- 3 majroer, skåret i kvarte

Rutevejledning:

1. Kombiner alle ingredienser i din Instant Pot, dæk til og kog på lav i 40 minutter.
2. Lad trykket slippe naturligt i 10 minutter, og del derefter gryderet i skåle og server.

Ernæringsværdier pr. portion: Kalorier 221, fedt 12, fibre 4, kulhydrater 7, protein 11

Oregano lam og tomat gryderet

Forberedelsestid: 10 minutter

Tilberedningstid: 40 minutter

Portioner: 4

Ingredienser:

- 4 lammeskank
- 2 spsk olivenolie
- 1 gult løg, hakket
- 2 fed hvidløg, hakket
- 1 og ½ dl tomater i tern
- 1 spsk oregano, finthakket
- En knivspids salt og sort peber
- 2 kopper oksebouillon

Rutevejledning:

1. Indstil din Instant Pot til Sauté-tilstand, tilsæt olien, varm den op, tilsæt lammet og brun i 4 minutter.
2. Tilsæt de resterende ingredienser, dæk til og kog på lav i 35 minutter.
3. Lad trykket slippe naturligt i 10 minutter, og del derefter gryderet i skåle og server.

Ernæringsværdier pr. portion: Kalorier 230, fedt 14, fiber 4, kulhydrater 7, protein 11

Chili oksegryderet

Forberedelsestid: 5 minutter

Tilberedningstid: 20 minutter

Portioner: 4

Ingredienser:

- 1 pund oksekødgryderet, stødt
- 2 kopper oksebouillon
- 10 ounce Salsa Verde
- 1 tsk chilipulver
- En knivspids salt og sort peber
- 1 spsk koriander, finthakket

Rutevejledning:

1. Kombiner alle ingredienserne undtagen koriander i din Instant Pot, læg låg på og kog på High i 20 minutter.
2. Slip hurtigt trykket i 5 minutter, del derefter gryderet i skåle, drys med koriander og server.

Ernæringsværdier pr. portion: Kalorier 201, fedt 7, fibre 4, kulhydrater 7, protein 9

Grønkålscitrongryderet med kylling

Forberedelsestid: 10 minutter

Tilberedningstid: 20 minutter

Portioner: 4

Ingredienser:

- 1 pund kyllingebryst, uden skind, udbenet og i tern
- 2 kopper grønkål, revet
- ½ kop hønsebouillon
- ½ kop tomatsauce
- En knivspids salt og sort peber
- 1 spsk koriander, finthakket

Rutevejledning:

1. Kombiner alle ingredienser i din Instant Pot, dæk til og kog på høj i 20 minutter.
2. Lad trykket slippe naturligt i 10 minutter, og del derefter gryderet i skåle og server.

Ernæringsværdier pr. portion: Kalorier 192, fedt 8, fibre 4, kulhydrater 8, protein 12

Braiseret estragon oksekød

Forberedelsestid: 10 minutter

Tilberedningstid: 30 minutter

Portioner: 4

Ingredienser:

- 1 og ½ pund oksekød i tern
- 3 fed hvidløg, hakket
- 2 spsk olivenolie
- 1 kop tomatsauce
- ½ kop oksebouillon
- 1 spsk estragon, finthakket
- En knivspids salt og sort peber

Rutevejledning:

1. Indstil din Instant Pot til Sauté, tilsæt olien, varm den op, tilsæt kød og hvidløg og brun i 5 minutter.
2. Tilsæt de resterende ingredienser, dæk til og kog på lav i 25 minutter.
3. Lad trykket slippe naturligt i 10 minutter, og del derefter gryderet i skåle og server.

Ernæringsværdier pr. portion: Kalorier 200, fedt 12, fibre 4, kulhydrater 6, protein 9

Bacon og spinatstuvning

Forberedelsestid: 10 minutter

Tilberedningstid: 12 minutter

Portioner: 4

Ingredienser:

- 2 kopper bacon, hakket
- 1 tsk olivenolie
- 1 pund spinat, revet
- En knivspids salt og sort peber
- ½ kop hønscbouillon
- 3 spsk tomatpure

Rutevejledning:

1. Indstil din Instant Pot til sautétilstand, tilsæt olien, varm den op, tilsæt bacon og steg i 5 minutter.
2. Tilsæt resten af ingredienserne, læg låg på og kog på lav i 12 minutter.
3. Lad trykket slippe naturligt i 10 minutter, og del derefter gryderet i skåle og server.

Ernæringsværdier pr. portion: Kalorier 195, fedt 4, fibre 5, kulhydrater 9, protein 6

Reje- og torskegryderet

Forberedelsestid: 5 minutter

Tilberedningstid: 12 minutter

Portioner: 4

Ingredienser:

- 1 pund rejer, pillet og deveiret
- 7 ounce dåsetomater, hakket
- ½ bundt persille, finthakket
- ¼ kop hønsebouillon
- 1 pund torskefileter, udbenet, uden skind og i tern

Rutevejledning:

1. Kombiner alle ingredienserne i din Instant Pot, dæk til og kog på Lav i 12 minutter.
2. Slip hurtigt trykket i 5 minutter, fordel derefter blandingen i skåle og server.

Ernæringsværdier pr. portion: kalorier 160, fedt 4, fiber 3, kulhydrater 7, protein 9

Grønne bønner og kyllingegryderet

Forberedelsestid: 10 minutter

Tilberedningstid: 15 minutter

Portioner: 4

Ingredienser:

- 1 spsk olivenolie
- 2 fed hvidløg, hakket
- 1 pund kyllingebryst, uden skind, udbenet og i tern
- 1 pund grønne bønner, trimmet
- 14 ounce dåsetomater, hakket
- 1 spsk persille, hakket

Rutevejledning:

1. Indstil Instant Pot til Sauté-tilstand, tilsæt olien, varm den op, tilsæt kød og hvidløg og steg i 5 minutter.
2. Tilsæt resten af ingredienserne, læg låg på og kog på høj i 15 minutter.
3. Lad trykket slippe naturligt i 10 minutter, og del derefter gryderet i skåle og server.

Ernæringsværdier pr. portion: Kalorier 200, fedt 8, fibre 5, kulhydrater 8, protein 10

Gurkemeje Quinoa og Kyllingegryderet

Forberedelsestid: 6 minutter

Tilberedningstid: 20 minutter

Portioner: 4

Ingredienser:

- 1 spsk olivenolie
- ½ kop quinoa, skyllet
- 3 kopper hønsebouillon
- 1 pund kyllingebryst, uden skind, udbenet og i tern
- ½ tsk spidskommen, stødt
- 1 rødløg, hakket
- 4 fed hvidløg, hakket
- ½ tsk gurkemejepulver
- En knivspids salt og sort peber
- 1 tsk citronsaft

1. Indstil Instant Pot til sautertilstand, tilsæt olien, varm den op, tilsæt kød, løg, hvidløg, gurkemeje og spidskommen, vend og brun i 5 minutter.

2. Tilsæt de resterende ingredienser, dæk til og kog på høj i 15 minutter.

3. Slip hurtigt trykket i 6 minutter, rør gryderet rundt, del mellem skåle og server.

Ernæringsværdier pr. portion: Kalorier 200, fedt 12, fibre 4, kulhydrater 7, protein 14

Let frokostsuppe

Tilberedningstid: 43 MIN

Portionsstørrelse: 6

ingredienser

- 1 spsk. olivenolie
- 1 hakket gult løg
- 3 hakkede fed hvidløg
- 1¼ pund frosset blomkål
- ½ pund frossen butternut squash i tern
- 3 kopper filtreret vand
- 1 tsk tørret timian
- 1 tsk paprika
- ½ tsk rød peberflager
- Salt, efter smag
- ½ kop halv og halv
- ¼ kop revet cheddarost

1. Tilsæt olien til Instant Pot og vælg "Sauté". Tilsæt herefter løget og steg i cirka 4-5 minutter.

2. Tilsæt hvidløg og steg i cirka 1 minut.

3. Vælg "Annuller" og rør blomkål, græskar, vand, timian og krydderurter i.

4. Fastgør låget og indstil trykventilen til "Seal"-positionen.

5. Vælg "Manuel" og kog under "Højtryk" i cirka 5 minutter.

6. Vælg "Annuller", og udfør omhyggeligt en "Hurtig" frigivelse.

7. Tag låget af og rør i halvt og halvt.

8. Purér suppen med en stavblender og server med det samme.

Ernæringsværdier pr. portion:

Kalorier 117

Fedt i alt 6,5 g

Netto kulhydrater 2,16g

Protein 4,4 g

Fiber 3,8 g

Nordamerikansk grøntsagssuppe

Tilberedningstid: 38 MIN

Portionsstørrelse: 6

Ingredienser:

- 2 tsk olivenolie
- 1 hakket lille gult løg
- 1 spsk. hakket hvidløg
- 1 tsk tørret timian
- 1 pund hakkede friske Baby Bella-svampe
- 4 kopper hakket blomkål
- 6 kopper hjemmelavet grøntsagsfond
- ¾ kop revet parmesanost

Rutevejledning:

1. Tilsæt olien til Instant Pot og vælg "Sauté". Tilsæt herefter løg og hvidløg og steg i cirka 2-3 minutter.
2. Tilsæt svampe og kog i cirka 4-5 minutter.
3. Vælg muligheden "Annuller", og rør blomkål og fond i.
4. Fastgør låget og indstil trykventilen til "Seal"-positionen.
5. Vælg "Manuel" og kog under "Højtryk" i cirka 5 minutter.
6. Vælg "Annuller", og udfør forsigtigt en naturlig frigivelse.

7. Tag låget af og purér suppen med en stavblender.

8. Vælg "Sauté" og rør parmesanosten i.

9. Kog i cirka 5 minutter.

10. Server straks.

Ernæringsværdier pr. portion:

Kalorier 147

Fedt i alt 69 g

Netto kulhydrater 1,5 g

Protein 13,8 g

Fiber 2,6 g

Bolognese suppe

Tilberedningstid: 40 MIN

Portionsstørrelse: 4

Ingredienser:

- 1 pund hakket oksekød
- 14 ounces hakkede dåsetomater
- ¼ kop tomatpasta
- 3 kopper kylling bouillon
- ½ tsk timian
- ½ tsk oregano
- 1 spsk. hakket basilikum
- 2 fed hvidløg, hakket
- 2 kopper blomkålsris
- ½ tsk sødemiddel
- ½ tsk salt
- ½ tsk peber
- 1 spsk. Olivenolie

Rutevejledning:

1. Opvarm olien i din IP til SAUTE.

2. Tilsæt løg og steg i 3 minutter.

3. Tilsæt hvidløg, oregano og timian og steg i yderligere 1 minut.

4. Tilsæt oksekødet og kog indtil det er brunt.

5. Rør tomatpuré og tomater i og kog i yderligere 2 minutter.

6. Hæld fonden over.

7. Tilsæt salt, peber og sødemiddel og luk låget.

8. Kog på HIGH i 5 minutter.

9. Lad trykket falde i 5 minutter.

10. Rør blomkålen i og kog på HIGH i yderligere 5 minutter.

11. Slip trykket naturligt.

12. Rør basilikum i og server.

13. Nyder!

Ernæringsværdier pr. portion:

Kalorier 423

Fedt i alt 17,4 g

Netto kulhydrater 7g

Protein 25 g

Fiber: 1,8g

Skinke og asparges suppe

Tilberedningstid: 55 MIN

Portionsstørrelse: 4

Ingredienser:

- 1 ½ pund aspargessplit, hakket
- ½ tsk timian
- ¾ kop skinke i tern
- 1 løg, hakket
- 3 spsk. Ghee
- 2 tsk finthakket hvidløg
- 4 kopper kylling bouillon

Rutevejledning:

1. Smelt ghee i din IP på SAUTE.
2. Tilsæt løg og steg i 3 minutter.
3. Tilsæt skinke og hvidløg og steg i yderligere 1 minut.
4. Tilsæt timian og bouillon og rør det hele sammen.
5. Luk låget og kog på SUPPE i 45 minutter.
6. Slip trykket hurtigt.
7. Bland med en stavblender til det er glat.
8. Server og nyd!

Ernæringsværdier pr. portion:

Kalorier 233

Fedt i alt 18,5 g

Netto kulhydrater 7,5 g

Protein 8,7 g

Fiber: 2,6g

Endnu en brudesuppe

Tilberedningstid: 45 MIN

Portionsstørrelse: 4

Ingredienser:

- 3 kopper knoglebouillon
- 4 ounce spinat
- ½ løg, hakket
- 1 kop skinke i tern
- ½ tsk Gurkemeje
- ½ tsk hvidløgspulver
- ½ kop hakket selleri
- 1 gulerod, skåret i tynde skiver
- 1 tsk timian
- 1 kop blomkålsris
- Frikadeller:
- 1/2 pund hakket oksekød
- 1 spsk. Mandelmel
- ½ tsk oregano
- ½ tsk Persille
- ¼ tsk peber

1. Bland alle frikadelleingredienserne i en skål.

2. Form til frikadeller.

3. Placer alle de resterende ingredienser, undtagen skinken, i din Instant Pot og rør for at kombinere.

4. Tilsæt frikadellerne og luk låget.

5. Kog på SUPPE i 30 minutter.

6. Slip trykket naturligt.

7. Rør skinken i og server.

8. Nyder!

Ernæringsværdier pr. portion:

Kalorier 180

Fedt i alt 8 g

Netto kulhydrater 4,7

Protein 22g

Fiber: 3,5 g

Oksehalesuppe

Forberedelsestid: 4 timer

Portionsstørrelse: 8

Ingredienser:

- 3 ½ pund oksehaler
- 3 laurbærblade
- 1 stilk selleri, finthakket
- 2 kopper grønne bønner
- 1 rutabaga, skåret i tern
- 14 ounce dåse hakkede tomater
- ¼ kop Ghee
- 1 kvist timian
- 1 kvist rosmarin
- 2 porrer, skåret i skiver
- 2½ liter vand
- 2 spsk. Citronsaft
- ¼ tsk stødt nelliker
- Salt og peber efter smag

Rutevejledning:

1. Smelt ghee i din IP på SAUTE.
2. Tilsæt oksehalen og steg, indtil den er brun. Du skal muligvis arbejde i batches her.

3. Hæld vandet over og tilsæt timian, rosmarin, laurbærblade og nelliker.

4. Kog på HIGH i 1 time.

5. Lav en naturlig trykudløsning.

6. Fjern kødet fra IP og riv det på et skærebræt.

7. Kom rutabaga og porre i gryden og luk låget.

8. Kog på HIGH i 5 minutter.

9. Tilsæt de resterende grøntsager og kog i yderligere 7 minutter.

10. Tilsæt kødet og luk igen.

11. Kog på HIGH i 2 minutter.

12. Rør citronsaften i og smag til med salt og peber.

13. Server og nyd!

Ernæringsværdier pr. portion:

Kalorier 371

Fedt i alt 22g

Netto kulhydrater 8,2 g

Protein 33g

Fiber: 2,7g

Taco suppe

Tilberedningstid: 25 MIN

Portionsstørrelse: 8

Ingredienser:

- 1 pund hakket svinekød
- 1 pund hakket oksekød
- 16 oz flødeost
- 20 oz Ro-Tel hakkede tomater og grøn peberfrugt
- 2 spsk. Tacokrydderi
- 4 kopper kylling bouillon
- 2 spsk. Korianderblade (hakket)
- ½ kop Monterey Jack (revet)

Rutevejledning:

1. Indstil Instant Pot til "Save" og læg hakkebøffen i den. Kog, omrør ofte og bryd større stykker, indtil alt vandet er fordampet, cirka 10 minutter.
2. Tilsæt flødeost, Ro-Tel og tacokrydderi og rør godt rundt.
3. Sæt og lås låget og indstil manuelt tilberedningstiden til 15 minutter under højt tryk.
4. Når du er færdig, slip hurtigt trykket. Rør korianderbladene i.
5. Server med revet Monterey Jack.

Ernæringsværdier pr. portion:

Kalorier: 547

Fedt i alt: 43g

Netto kulhydrater: 4g

Protein: 33g

Fiber: 1g

Minestronesuppe

Tilberedningstid: 35 MIN

Portionsstørrelse: 12

Ingredienser:

- 2 spsk. Olivenolie
- 1 sød kartoffel (skåret i tern)
- 1 kop gulerødder (i tern)
- 2 stilke selleri (i tern)
- 2 mellemstore zucchini (i tern)
- 2 mellemstore skalotteløg (i tern)
- 2 fed hvidløg (fint hakket
- 28 oz kylling bouillon
- 28 oz tomater (i tern)
- 1 kop frisk spinat (hakket)
- 2 laurbærblade
- 2 tsk tørret oregano
- 1 tsk tørret basilikum
- 1 tsk tørret persille
- ½ tsk cayennepeber
- ½ tsk salt
- 1 tsk kværnet sort peber
- 1½ pund malet svinepølse (kogt og smuldret)

1. Hæld olivenolie i Instant Pot. Tilsæt alle andre ingredienser, undtagen spinat, til gryden og rør for at kombinere.

2. Sæt og fastgør låget, og indstil Instant Pot til "Suppe" eller manuelt til 30 minutters trykkogning.

3. Når du er færdig, slip hurtigt trykket.

4. Fjern laurbærbladet og kom spinaten i gryden, rør rundt og lad det stå i 2-3 minutter, indtil det er visnet.

5. Serveres varm.

Ernæringsværdier pr. portion:

Kalorier: 254

Fedt i alt: 18g

Netto kulhydrater: 8g

Protein: 11g

Fiber: 2g

Kokos tomatsuppe

Tilberedningstid: 10 MIN

Portionsstørrelse: 4

Ingredienser:

- 1 dåse kokosmælk
- 1 mellemstor rødløg (i tern)
- 6 roma tomater (fire)
- ¼ kop korianderblade (hakket)
- 1 tsk hvidløg (finhakket)
- 1 tsk ingefær (fint hakket)
- 1 tsk salt
- ½ tsk cayennepeber
- 1 tsk Gurkemeje
- 1 spsk. Agave nektar

Rutevejledning:

1. Kom alle ingredienser i Instant Pot og rør for at kombinere.
2. Sæt og lås låget og indstil manuelt tilberedningstiden til 5 minutter under højt tryk.
3. Lad trykket slippe naturligt i 10 minutter, og slip derefter hurtigt.
4. Blend suppen med en stavblender til den er jævn.
5. Serveres varm.

Kalorier: 157

Fedt i alt: 12g

Netto kulhydrater: 10g

Protein: 2g

Fiber: 2g

Cremet kyllingesuppe

Tilberedningstid: 10 MIN

Portionsstørrelse: 4

Ingredienser:

- 1 mellemstor løg
- 6 fed hvidløg
- 1 oz ingefær
- 1 kop kokosmælk
- 10 oz Ro-Tel dåsetomater og peberfrugter
- 1 spsk. Kyllingefond i pulverform
- 1 tsk stødt gurkemeje
- 1 pund udbenet kyllingelår (skåret i 1½-tommers stykker)
- 1½ dl selleri (hakket)
- 2 kopper Chard (hakket)

Rutevejledning:

1. Kom løg, hvidløg, ingefær, tomater og chili, gurkemeje, fond og en halv kop kokosmælk i en foodprocessor og blend, til det er glat.
2. Overfør til Instant Pot og tilsæt kylling, selleri og chard.
3. Sæt og lås låget og indstil manuelt tilberedningstiden til 5 minutter under højt tryk.

4. Når det er gjort, lad trykket slippe naturligt i 10 minutter og slip derefter hurtigt.
5. Tilsæt den resterende halve kop kokosmælk, rør rundt og server.

Ernæringsværdier pr. portion:

Kalorier: 405

Fedt i alt: 31g

Netto kulhydrater: 9g

Protein: 21g

Fiber: 2g

Skinke og bønnesuppe

Tilberedningstid: 35 MIN

Portionsstørrelse: 6

Ingredienser:

- 1 kop tørrede sorte sojabønner (udblødt og drænet natten over)
- 1 kop løg (i tern)
- 1 kop selleristænger (i tern)
- 4 fed hvidløg (fint hakket
- 1 tsk tørret oregano
- 1 tsk salt
- 1 tsk Cajun krydderi
- 1 tsk flydende røg
- 2 tsk Tony Chachere's All Purpose Krydderi
- 1 tsk Louisiana varm sauce
- 2 skinkehaser
- 2 kopper skinke (i tern)
- 2 kopper vand

Rutevejledning:

1. Kom alle ingredienser i Instant Pot og rør for at kombinere.
2. Sæt og lås låget og indstil manuelt tilberedningstiden til 30 minutter under højt tryk.

3. Når det er gjort, lad trykket slippe naturligt i 10 minutter og slip derefter hurtigt.

4. Fjern kødet fra benet og riv alt kødet, kassér benene.

5. Rør for at kombinere og server varm.

Ernæringsværdier pr. portion:

Kalorier: 269

Fedt i alt: 14g

Netto kulhydrater: 10g

Protein: 21g

Fiber: 3g

Kyllingsvampesuppe

Tilberedningstid: 10 MIN

Portionsstørrelse: 4

Ingredienser:

- 1 mellemstor løg (skåret i tynde ribben)
- 3 fed hvidløg (fint hakket
- 2 kopper svampe (skåret i skiver)
- 1 lille gult græskar (hakket)
- 1 pund kyllingebryst (skindfri, skåret i 2-tommers stykker)
- 2½ dl hønsebouillon
- 1 tsk salt
- 1 tsk kværnet sort peber
- 1 tsk italienske krydderurter

Rutevejledning:

1. Kom alle ingredienser i Instant Pot.
2. Sæt og lås låget og indstil manuelt tilberedningstiden til 15 minutter under højt tryk.
3. Når det er gjort, lad trykket slippe naturligt i 10 minutter og slip derefter hurtigt.
4. Tag kyllingen af panden og purér grøntsagerne groft med en stavblender.
5. Riv kyllingen med en gaffel og kom tilbage i gryden.

6. Rør for at kombinere og server.

Ernæringsværdier pr. portion:

Kalorier: 289

Fedt i alt: 15g

Netto kulhydrater: 8g

Protein: 30g

Fiber: 1g

Grønkålssuppe med kylling

Tilberedningstid: 5 MIN

Portionsstørrelse: 4

Ingredienser:

- 2 kopper kyllingebryst (kogt)
- 12 oz Grønkål (frosset)
- 1 mellemstor løg (i tern)
- 4 kopper kylling bouillon
- ½ tsk kanel
- 1 knivspids stødt nelliker
- 2 tsk hvidløg (finhakket)
- 1 tsk kværnet sort peber
- 1 tsk salt

Rutevejledning:

1. Kom alle ingredienser i Instant Pot.

2. Sæt og lås låget og indstil manuelt tilberedningstiden til 5 minutter under højt tryk.

3. Når det er gjort, lad trykket slippe naturligt i 10 minutter og slip derefter hurtigt.

4. Juster eventuelt krydderier og server varm.

Ernæringsværdier pr. portion:

Kalorier: 143

Fedt i alt: 2g

Netto kulhydrater: 4g

Protein: 23g

Fiber: 0g

Italiensk pølsegrønkålsuppe

Tilberedningstid: 5 MIN

Portionsstørrelse: 6

Ingredienser:

- 1 pund varm italiensk pølsefyld
- 1 kop løg i tern
- 6 fed hvidløg finthakket
- 12 oz blomkål frosset
- 12 oz Grønkål frosset
- 3 kopper vand
- ½ kop tung fløde
- ½ kop revet parmesanost

Rutevejledning:

1. Indstil Instant Pot til "Saute"
2. Indstil din trykkoger til Sauté. Tilsæt det italienske pølsefyld og brun det let under konstant omrøring for at bryde stykkerne op i 2 minutter.
3. Tilsæt løg og hvidløg og bland det godt sammen.
4. Tilsæt blomkål, grønkål og tre kopper vand.
5. Sæt og lås låget og indstil manuelt tilberedningstiden til 3 minutter under højt tryk.
6. Når du er færdig, så lad trykket slippe naturligt og slip det derefter hurtigt.

7. Rør langsomt fløden i.

8. Server drysset med parmesanost.

Ernæringsværdier pr. portion:

Kalorier: 400

Fedt i alt: 33g

Netto kulhydrater: 7g

Protein: 16g

Fiber: 1g

Kikærtesuppe med grønt

Tilberedningstid: 6 MIN

Portionsstørrelse: 6

Ingredienser:

- 4 kopper Porre (skåret i tynde skiver
- 1 kop selleristænger (skåret i skiver)
- 15 oz kikærter (på dåse
- 8 kopper regnbue Chard (hakket)
- 1 spsk. Hvidløg (fint hakket)
- 1 tsk tørret oregano
- 1 tsk salt
- 2 tsk kværnet sort peber
- 2 kopper grøntsagsfond
- 2 kopper Straightneck Squash (skåret i 1-tommers terninger)
- ¼ kop persille (hakket)
- 6 spsk. Parmesanost (revet)

Rutevejledning:

1. Læg porrer, selleri, kikærter, mangold, hvidløg, oregano, salt, peber og grøntsagsfond i Instant Pot. Rør for at kombinere.
2. Sæt og lås låget og indstil manuelt tilberedningstiden til 3 minutter under højt tryk.

3. Når du er færdig, slip hurtigt trykket.

4. Indstil Instant Pot til "Saut" og tilsæt græskar og persille. Rør for at kombinere og kog i yderligere 3 minutter.

5. Server drysset med parmesanost.

Ernæringsværdier pr. portion:

Kalorier: 142

Fedt i alt: 14g

Netto kulhydrater: 14g

Protein: 6g

Fiber: 5g

Osteagtig frikadellesuppe

Tilberedningstid: 5-10 MIN

Portionsstørrelse: 12

Ingredienser:

- 1 pund magert hakkebøf
- 1 æg
- ¼ kop LC panering & skorpeblanding
- 1 tsk salt
- 1 tsk oregano
- 1 spsk. Persille hakket
- ½ tsk hvidløgspulver
- ½ tsk stødt sort peber
- For aktien
- 2 kopper oksebouillon
- ½ mellemstor grøn peber i tern
- ½ medium rød peber i tern
- 1 stilk selleri i tern
- ½ kop rødløg i tern
- 5 store svampe i tern
- Ostesauce:
- 4 spsk. Vand
- 4 spsk. Tung creme
- 4 spsk. Smør

- 8 skiver amerikansk ost

Rutevejledning:

1. Kom oksekød, æg, raspblanding, salt, oregano, persille, hvidløg og peber i en skål og rør godt. Form til 2-tommer kugler og sæt til side.

2. Placer oksefond, grønne og røde peberfrugter, selleri, løg og svampe i Instant Pot og rør for at kombinere.

3. Læg frikadellerne i bouillonen.

4. Sæt og lås låget og indstil manuelt tilberedningstiden til 10 minutter.

5. Når der er 3 minutter tilbage på timeren, kombineres vand, fløde, smør og amerikansk ost i en skål, der tåler mikrobølgeovn.

6. Sæt ostesaucen i mikroovn i 2-3 minutter, indtil den er blandet, omrør hvert 30. sekund.

7. Slip hurtigt trykket og rør ostesovsen i.

8. Serveres varm.

Ernæringsværdier pr. portion:

Kalorier: 419

Fedt i alt: 32g

Netto kulhydrater: 3,7 g

Protein: 27g

Fiber: 2g

Muslingesuppe

Tilberedningstid: 15 MIN

Portionsstørrelse: 8

Ingredienser:

- 16 skiver bacon i tern
- 1 kop løg (i tern)
- 1 kop selleristænger i tern
- 2 dåser Fancy Whole Baby Muslinger
- 2 kopper kylling bouillon
- 2 kopper tung fløde
- 1 tsk timian
- 1 tsk salt
- 1 tsk kværnet sort peber

Rutevejledning:

1. Indstil Instant Pot til "Save" og tilsæt bacon. Kog til de er sprøde, cirka 6-7 minutter.
2. Tilsæt løg og selleri og kog indtil det er blødt i 2-3 minutter, mens du rører det af og til.
3. Tilsæt alle de resterende ingredienser og rør for at kombinere.
4. Sæt og lås låget og indstil manuelt tilberedningstiden til 5 minutter under højt tryk.
5. Når du er færdig, slip hurtigt trykket.

6. Serveres varm.

Ernæringsværdier pr. portion:

Kalorier: 427

Fedt i alt: 33g

Netto kulhydrater: 5g

Protein: 27g

Fiber: 0g

Pølsebacon og svampesaft

Tilberedningstid: 5-10 MIN

Portionsstørrelse: 14

Ingredienser:

- 4 kopper kylling bouillon
- 2 kopper tung fløde
- 2 kopper svampe (skåret i skiver)
- 2 kopper stødt pølse (kogt)
- 6 skiver bacon (stegt og smuldret
- 1 kop Daikon Radise (i tern)
- ½ kop løg (i tern)
- ½ kop rød peber (i tern)
- ½ kop parmesanost
- 1 spsk. Tørrede persilleblade
- 1 tsk hvidløgspulver
- 1 tsk salt
- 1 tsk kværnet sort peber
- ½ tsk timian

Rutevejledning:

1. Kom alle ingredienser i Instant Pot.

2. Sæt og lås låget og indstil manuelt tilberedningstiden til 5 minutter under højt tryk.

3. Når du er færdig, slip hurtigt trykket.

4. Serveres varm.

Ernæringsværdier pr. portion:

Kalorier: 316

Fedt i alt: 33g

Netto kulhydrater: 3g

Protein: 14g

Fiber: 1g

Kalkun og Daikon Chowder

Tilberedningstid: 5-10 MIN

Portionsstørrelse: 12

Ingredienser:

- 1 pund mager malet kalkun (kogt, drænet og smuldret
- 3 kopper Daikon Radise (i tern)
- 10 kopper kylling bouillon
- 2 kopper tung fløde
- 2 kopper Mozzarella (revet)
- 4 kopper Antipasto Trail Mix
- 1 spsk. Tørrede persilleblade
- 1 spsk. Tørret purløg
- 1 tsk salt
- 1 tsk kværnet sort peber
- 1 tsk hvidløgspulver

Rutevejledning:

1. Kom alle ingredienser i Instant Pot.
2. Sæt og lås låget og indstil manuelt tilberedningstiden til 5 minutter under højt tryk.
3. Når du er færdig, slip hurtigt trykket.
4. Serveres varm.

Ernæringsværdier pr. portion:

Kalorier: 232

Fedt i alt: 9,1 g

Netto kulhydrater: 5,1 g

Protein: 13,2 g

Fiber: 2,4 g

Opskrift på svine- og grøntsagsfond

Forberedelsestid: 66 minutter

Portioner: 8

Ingredienser:

- 2 pund græslagte svineknogler
- 1/2 kop gulerødder; hakket kød.
- 1/2 kop peberfrugt
- 1/2 tsk. hele sorte peberkorn
- 8 kopper vand
- 1 tsk. tørret laurbærblad
- 1 kvist frisk persille
- 1/2 kop grønne løg; hakket kød.
- 1 stilk selleri; skåret i tredjedele
- 1 lille løg; skrællet og halveret
- 1 tsk. kosher salt

Rutevejledning:

1. Hæld vandet i Instant Pot.
2. Tilsæt alle ingredienser til vandet. Luk låget til Instant Pot, og drej trykudløserhåndtaget til *forseglet* position.
3. Vælg funktionen *Manuel*; indstil til højtryk og indstil timeren til 20 minutter

4. Når det bipper; *Naturlig Slip* dampen i 10 minutter og åbn grydelåget med det samme

5. Si den tilberedte bouillon gennem en sigte og kassér eventuelle faste stoffer, skum af overfladefedt og server varm.

Opskrift på kyllingefond

Forberedelsestid: 66 minutter

Portioner: 8

Ingredienser:

- 2½ lb. kyllingeskrog
- 1/2 tsk. hele sorte peberkorn
- 10 kopper vand
- 1 kvist frisk persille
- 1 stilk selleri; skåret i tredjedele
- 1 lille løg; skrællet og halveret
- 1 tsk. tørret laurbærblad
- 1 tsk. kosher salt

Rutevejledning:

1. Hæld vandet i Instant Pot.

2. Tilsæt alle ingredienser til vandet

3. Fastgør låget. Drej trykaflastningshåndtaget til *forseglet* position.

4. Vælg funktionen *Manuel*. Indstil til højtryk og indstil tiden til 60 minutter

5. Når den bipper; *Naturlig Slip* dampen i 10 minutter, og åbn låget på Instant Pot.

6. Si den tilberedte bouillon gennem en sigte og kassér eventuelle faste stoffer, fjern eventuelt overfladefedt og server varm.

9 781835 861875